财政部规划教材

全国中等职业学校财经类教材

国家税收
(第八版)
学习指导与练习

杨则文　主编

中国财政经济出版社

图书在版编目（CIP）数据

国家税收（第八版）学习指导与练习/杨则文主编．—8版．—北京：中国财政经济出版社，2010.5

财政部规划教材．全国中等职业学校财经类教材

ISBN 978－7－5095－2121－2

Ⅰ．国…　Ⅱ．杨…　Ⅲ．国家税收－中国－专业学校－教学参考资料　Ⅳ．F812.42

中国版本图书馆CIP数据核字(2010)第050480号

责任编辑：张　铮　　　　责任校对：王　英
封面设计：陈　瑶　　　　版式设计：董生萍

中国财政经济出版社 出版

URL：http：//www.cfeph.cn

E－mail：cfeph@cfeph.cn

社址：北京市海淀区阜成路甲28号　邮政编码：100142

发行处电话：88190406　财经书店电话：64033436

北京财经印刷厂印刷　　各地新华书店经销

787×1092毫米　16开　10.25印张　245 000字

2010年6月第1版　2012年8月北京第6次印刷

定价：18.00元

ISBN 978－7－5095－2121－2/F·1673

（图书出现印装问题，本社负责调换）

本社质量投诉电话：010－88190744

编写说明

本书是与财政部规划教材、全国中等职业学校财经类教材《国家税收》（第八版）相配套的学习指导和练习，适合全国中等职业学校财经类专业使用。

编写这本书的目的，是为了帮助学习者理解和掌握教材的内容，理清头绪，启迪思维，增加练习，以全面达到教学方案和课程教学大纲的目的和要求。本书的编写指导思想是：

第一，重在启发、引导，而不是给学习者提供一本可走捷径和可用于死记硬背的教材缩写本和问答集。

第二，围绕教材的内容，但尽量不重复教材中已讲述清楚的问题，不重复教材中的语句，而是结合我们多年的教学经验，指出学习的重点、难点和应注意之处，并将教材中的主要内容以简明、有条理的方式加以概括。

第三，对教材做些拾遗补缺的工作。主要是两方面：一是对教材中讲述得比较简略的某些主要问题予以必要的补充；二是对教材中不便反映但学生又必须了解的某些内容作必要的反映。

第四，练习注重实用性，尽量减少单纯识记的题目。因为，具有实用性的内容，才会更有利于调动学习者的积极性，激发积极思维。

参加本书编写的有：广州番禺职业技术学院杨则文（第一、二章），广东外语外贸大学财经学院黄钢平（第三至五章），广州番禺职业技术学院邓华丽（第六、十二章），北京财贸职业学院乔梦虎（第七、八章），东莞职业技术学院张玉昆（第九至十一章）。本书由杨则文任主编，并对全书进行设计、修改、总纂。

用书学校任课教师若需要本书练习答案，请以电子邮件的形式向中国财政经济出版社索取，E－mail：chenbing@ cfeph. cn 。

最后，恳请各位授课教师和读者，对于书中的缺点和错误给予批评指正。编者电子邮箱：yangzewen@ 126. com 。

编 者

2010 年 3 月

目 录

第一章

税收的概念

学习指导

第一章和第二章是学习税收这门课程最基础的入门知识。这一章主要讲了三个问题，分作三节：(1) 什么是税收？(2) 税收是干什么的（即税收的职能）？(3) 政府为什么要征税（即税收存在的必要性）？重点是第一节和第三节。

第一节，主要掌握税收是政府凭借政治权力进行的一种分配，具有无偿性、强制性和固定性的特征，这三个特征也是税收区别于其他财政收入形式的关键。判断一种收入是否属于税收，不在于它叫什么名字，而在于它是否具有税收的三个特征。

第二节，对税收的三项职能，要有一个大致的了解。理解税收是政府实施宏观调控的一项重要杠杆（或工具），税收对于国家来说具有重要的财政、经济和社会意义。其中，财政职能是最基本的，其他两个职能是派生的。只有通过对具体税种的学习，回过头来才能较具体地领会税收的这些职能，并且还需联系税收实践来逐步加深理解。

第三节，公民为什么应当纳税，政府为什么要征税？对此，务必从理论上弄清楚其原理，从根本上领会其核心作用，树立起自觉纳税意识，加深对公共财政理论的理解。从某种意义上说，这也是爱国主义思想的一部分。通过这部分知识的学习树立公民意识和会计职业道德观念。

在掌握以上内容后，还要记住一个道理，即：在绝对真理的长河中，人们对于在一定发展阶段上的具体过程的认识都只具有相对的真理性；人们对于真理的认识永远也不会完结。因此，这一章所讲的一些理论问题，既不是唯一的说法，更不是终极的，今后还需不断探索。这也是学习任何一门学问所应有的态度。

思 考 与 练 习

一、基本概念

1. 税收

2. 税收的强制性

3. 公共产品

4. 私人产品

二、思考与讨论

1. 税收有哪些特征？它与政府各部门的收费、国家公债、国家罚没收入有什么区别？

2. 税收有哪些职能？为什么说税收是一个重要的经济调节手段？

3. 社会主义国家为什么要征税？在现阶段能否设想一种更好的方法来取代税收？

三、练习

（一）判断题

1. 税收是凭借生产资料的占有来取得收入的。 （ ）

2. 在社会再生产过程中，税收属于分配范畴。 （ ）

3. 征税的目的是为了满足统治阶级的生活需要。 （ ）

4. 社会主义税收“取之于民，用之于民”的意思是说在社会主义条件下，税收不具备无偿性。 （ ）

5. 国家对需要鼓励发展的产业一般实行低税或免税政策。 （ ）

6. 公共产品消费的显著特点是排斥性。 （ ）

7. 一般来说，在发生通货膨胀的情况下，国家应该降低税率。 （ ）

8. 在市场经济中，初次分配的过程是不公平的，但结果是公平的。 （ ）

（二）单项选择题

1. 税收分配的对象主要是（ ）。

A. 社会产品　　B. 剩余产品

C. 国内生产总值　　D. 国民生产总值

2. 我国现阶段税收最主要的目的是（ ）。

A. 满足提高党的执政能力的需要　　B. 满足国家经济建设的需要

C. 满足社会公共需要　　D. 满足对外开放的需要

3. 当经济衰退时，政府应采取（ ）的税收政策，以刺激投资和消费。

A. 降低税率　　B. 提高税率

C. 设置新税　　D. 保持税负不变

4. 税收分配的对象是指社会总产品价值构成中的（ ）部分。

A. C　　B. C + V

C. V + M　　D. M

（三）多项选择题

1. 社会需要包括下列内容(　　　)。

A. 保护国家主权和领土完整　　B. 建设公共工程

C. 举办教育、文化、社会保障事业　　D. 维持社会安定秩序

2. 下列属于公共产品的有(　　　)。

A. 国防　　B. 司法

C. 居民住房　　D. 商业医疗保险

3. 下列属税收固定性表现的有(　　　)。

A. 征税的依据是由法律规定的　　B. 每年应交税额是不变的

C. 计税方法是全国统一的　　D. 征收比例有一定的限度

4. 税收的基本职能包括(　　　)。

A. 财政职能　　B. 经济职能

C. 社会职能　　D. 政策职能

5. 我国现阶段税收存在的必要性体现在(　　　)。

A. 税收是补偿公共产品价值来源的基本途径

B. 税收是实行阶级专政的工具

C. 税收是调节居民收入分配实现共同富裕的工具

D. 税收是实现经济稳定协调发展的重要调节手段

6. 税收的形式特征可以概括为(　　　)。

A. 强制性　　B. 无偿性

C. 固定性　　D. 规范性

第二章

税收制度

学习指导

这一章的重点是第二、四两节。对第一、三节的内容只要求总体上有一个基本的把握。

第一节讲了三个问题：

1. 讲述税收制度和税法两个概念，以及两者与税收的关系，目的是要求懂得必须依法治税。政府要征税，必须事先明确一些法律规范，让大家知道向谁征税、对什么征税、征多少税、如何征、何时征等问题。

税收制度的内容主要有两个方面，其中的第一个方面是规定税收权利义务关系的实体法内容，这方面的内容分两个层次：一是不同的要素构成税种，各税种的要素主要包括纳税人、征税对象、税率、减税免税等。二是不同的税种构成税收制度。构成税收制度的具体税种主要有增值税、消费税、营业税、企业所得税、个人所得税等。第二个方面是规定税收征纳程序方面的程序法内容，所有的税种都需要有法定的征纳程序进行规范，如纳税登记、纳税申报、违法处理等。因此，税制由征税对象、纳税人、税率、减税免税、纳税期限、法律责任等要素构成。其中征税对象、纳税人、税率是最基本的要素。

2. 讲述税收法律关系的概念、特征和要素。在税收法律关系中既要知道征税主体一方始终是国家，国家享有单方面的征税权利；又要懂得税务机关和纳税人都是权利主体，双方的法律地位是平等的，双方的权利都受法律保护。

3. 讲述税法的类别和层次，知道税收基本法、实体法和程序法的不同内容和作用；懂得税法是由法律、法规和规章组成的一个多层次的体系，从而在实际工作中能够区别各种税收规定的适用性和法律效力，掌握层次低的服从于层次高的的原则。

第二节讲述税制的构成要素。税制通过税法的形式具体规定在什么情况下对什么征税、对谁纳税、征多少、在什么时间和地点征，特殊情况怎么办等问题，这些问题都有相应的税收术语，出现许多名词，这是学习以后各章的入门工具，都必须掌握。其中较为重要的是，征税对象及其相关的术语，三种税率形式及其运用，减免税的实质及其形式。其中，起征点的概念比较容易用错，现实中很多人把它与免征额混为一谈。超额累进税率与全额累进税率的联系和区别以及计算是本节难点。

第三节讲述了五种主要和常见的税种分类，学习这些分类方法是为后面的学习作准备，其中按征税对象分类是最主要的方法。不仅要了解这些分类，还要知道各种分类的实际意义。比如，按征税对象分类，有利于自觉利用各类税种的不同特点，合理设计税制结构，以充分发挥它们各自在组织收入和对国民经济调节的特殊作用；划分中央税、地方税、中央地方共享税，有利于明确职责分工，充分调动两套征收机关组织税收收入的积极性，并有利于分级财政的确立等。

第四节讲述了我国税制概况，主要有如下问题：

1. 我国现行税制结构。要求对现行税制有一个全面的了解（见表 2－1），这好比对全书先有一张导游图，有了总体的把握，才利于往下逐个学习各个税种。了解各个税种的征收机关，对于任何纳税人来说都是十分必要的，对于会计人员尤为重要，因此，是本节的重点内容。税收收入在政府之间的划分是各级政府之间的事情，但是，作为纳税人来说，也有关心的必要。

表 2－1　　我国现行税制按照征税对象及管理和使用权限分类表

类别	税　种	按使用权限分类	征收机关
商品劳务税	增值税	共享税，中央政府分享 75%，地方政府分享 25%	国家税务局负责（进口环节的增值税由海关负责代征）
	消费税	中央税	国家税务局负责（进口环节消费税由海关负责代征）
	营业税	地方税。但铁道部、各银行总行、各保险总公司等部门集中缴纳的营业税归中央	国家税务局负责铁道部门、各银行总行、各保险公司总公司集中缴纳的营业税；其他由地方税务局负责
	关税（船舶吨税）	中央税。包括海关代征的增值税、消费税	海关负责
所得税	企业所得税	共享税。铁路运输、国家邮政、中国工商银行、中国农业银行、中国银行、中国建设银行、国家开发银行、中国农业发展银行、中国进出口银行、中国石油天然气股份有限公司、中国石油化工股份有限公司和海洋石油、天然气企业缴纳的部分归中央政府，其余部分中央政府分享 60%，地方政府分享 40%	国家税务局负责铁道部门、各银行总行、各保险公司总公司集中缴纳的企业所得税；中央企业缴纳的企业所得税；中央与地方所属企业、事业单位组成的联营企业、股份制企业缴纳的企业所得税；地方银行、非银行金融企业缴纳的企业所得税；海洋石油企业缴纳的企业所得税；2002 年 1 月 1 日以后注册的企业、事业单位缴纳的企业所得税；2009 年起新增企业所得税纳税人中，应缴纳增值税的企业，其企业所得税由国家税务局管理；应缴纳营业税的企业，其企业所得税由地方税务局管理。其他由地方税务局负责征收
	个人所得税	共享税。中央政府分享 60%，地方政府分享 40%	国家税务局负责对储蓄存款利息征收的个人所得税；其他由地方税务局负责
资源税	资源税	共享税。海洋石油资源归中央，其余归地方	国家税务局负责海洋石油企业缴纳的资源税；其他由地方税务局负责
	土地增值税	地方税	地方税务局负责
	城镇土地使用税	地方税	地方税务局负责
	耕地占用税	地方税	地方税务部门负责

续表

类别	税 种	按使用权限分类	征收机关
财产税	房产税	地方税	地方税务局负责
	契税	地方税	地方税务部门负责
	车辆购置税	中央税	国家税务局负责
	车船税	地方税	地方税务局负责
行为目的税	印花税	地方税。但股票交易印花税收入的97%归中央政府，其余的3%和其他印花税收入归地方政府	国家税务局负责对股票交易征收的印花税；其他由地方税务局负责
	固定资产投资方向调节税	地方税（已停征）	地方税务局负责
	城市维护建设税	地方税。但铁道部、各银行总行、各保险总公司集中缴纳的部分归中央政府，其余部分归地方政府	国家税务局负责铁道部门、各银行总行、各保险公司总公司集中缴纳的城市维护建设税；其他由地方税务局负责
	烟叶税	地方税	地方税务局负责

注：①城市维护建设税实质是三种商品劳务税的附加，是一种特定目的税。

②土地是重要的自然资源，对土地（房地产）增值收益征收的土地增值税，可视为对资源的课税。由于它是对转让房地产取得的收益征税，因而又可视为一种财产转移税（但单位和个人对土地只有使用权而无产权）。这里把它列入资源税类，是在于强调它在对转让房地产获取的高额利润上的调节作用。

③城镇土地使用税，体现土地有偿使用，并有调节土地级差收入的作用，故列入资源税类。同时它又是一种使用行为税。

2. 各个税种在我国现行税制体系中的地位，可以从各税种的收入规模的角度说明，见表2－2。

表2－2　　2008年全国财政收入决算表　　单位：亿元

项 目	调整后的预算数	决算数	决算数为调整预算数的（%）	决算数为上年决算数的（%）	各项收入占总收入的比重（%）
一、税收收入	52 361.00	54 223.79	103.6	118.9	88.41
国内增值税	17 866.67	17 996.94	100.7	116.3	29.34
国内消费税	2 470.00	2 568.27	104.0	116.4	4.19
进口货物增值税、消费税	6 855.00	7 391.13	107.8	120.1	12.05
出口货物退增值税、消费税	－5 750.00	－5 865.93	102.0	104.1	－9.56
营业税	7 495.00	7 626.39	101.8	115.9	12.43
企业所得税	10 020.00	11 175.63	111.5	127.3	18.22
个人所得税	3 383.33	3 722.31	110.0	116.8	6.07
资源税	465.00	301.76	64.9	115.6	0.49
城市维护建设税	1 308.00	1 344.09	102.8	116.2	2.19
房产税	655.00	680.34	103.9	118.2	1.11
印花税	2 303.00	1 311.29	56.9	58.0	2.14

续表

项　目	调整后的预算数	决算数	决算数为调整预算数的%	决算数为上年决算数的%	各项收入占总收入的比重%
其中：证券交易印花税	2 005.31	979.16	48.8	48.8	1.60
城镇土地使用税	430.00	816.90	190.0	211.9	1.33
土地增值税	450.00	537.43	119.4	133.3	0.88
车船税	77.00	144.21	187.3	211.6	0.02
船舶吨税	19.00	20.12	105.9	110.5	
车辆购置税	950.00	989.89	104.2	112.9	1.61
关税	1 600.00	1 769.95	110.6	123.6	2.88
耕地占用税	340.00	314.41	92.5	169.9	0.05
契税	1 370.00	1 307.53	95.4	108.4	2.13
烟叶税	54.00	67.45	124.9	141.1	0.01
其他税收收入		3.68		296.8	
二、非税收入	6 125.00	7 106.56	116.0	124.7	11.59
专项收入	1 335.00	1 554.10	116.4	125.1	2.53
行政事业性收费	2 040.00	2 134.86	104.7	112.5	3.48
罚没收入	905.00	898.40	99.3	106.9	1.46
其他收入	1 845.00	2 519.20	136.5	146.4	4.11
全国财政收入	58 486.00	61 330.35	104.9	119.5	100
调入中央预算稳定调节基金	1 100.00	1 100.00	100.0		
支出大于收入的差额	1 800.00	354.31	19.7		

思考与练习

一、基本概念

1. 税收制度

2. 税法

3. 税收法律关系

4. 征税对象

5. 税目

6. 税源

7. 纳税环节

8. 纳税人

9. 税率

10. 比例税率

11. 累进税率

12. 商品劳务税

13. 价内税和价外税

14. 税负转嫁

二、思考与讨论

1. 设置税目有什么作用？

2. 减税、免税的实质是什么？为什么必须严格控制减税、免税？

3. 我国当前税制结构的基本情况是怎样的？

4. 税制由哪些基本要素构成？

三、练习

（一）判断题

1. 在税收法律关系中固有的一方主体始终是国家及其征税机关。（ ）

2. 制定税收法律法规的机关是全国人民代表大会及其常务委员会。（ ）

3. 在实行比例税率的条件下，物价上升时税负会减轻。（ ）

4. 纳税人这一概念既包括法人也包括自然人。（ ）

5. 从量税的税收收入不能随着价格的变化而增减。（ ）

6. 税率是反映纳税人实际负担程度的指标。（ ）

7. 征纳双方在税务行政诉讼中的法律地位是不平等的。（ ）

8. 所得税是我国现行税制的主体税种。（ ）

9. 从价计税情况下，税收收入会受到价格上下波动的影响。（ ）

10. 全额累进税率与超额累进税率相比税负比较公平。（ ）

11. 直接税是指那些比较容易发生税负转嫁的税种。（ ）

12. 《中华人民共和国企业所得税法》就法律级次而言，属于全国人大常委会授权国务院的立法。（ ）

13. 行政法规的立法目的在于保证宪法和法律的实施，国务院发布的《中华人民共和国个人所得税法实施条例》和《中华人民共和国税收征管法实施细则》等，都是税收行政法规。（ ）

14. 超额累进税率是以征税对象数额的相对率划分若干级距，分别规定相应的差别税率，相对率每超过一个级距的，对越过的部分就按高一级的税率计算征税。（ ）

15. 增值税是中央与地方共享税，由国家税务局征收75%，地方税务局征收25%。（ ）

16. 速算扣除数是按照全额累进税率计算的应纳税额与按照超额累进税率计算的应纳税额的差额。 （ ）

（二）单项选择题

1. 按计税标准对税收进行分类可以把税收分为（ ）。
   A. 商品劳务税、所得税 B. 实物税、货币税
   C. 直接税、间接税 D. 从价税、从量税
2. 下列税种中收入完全归地方的税种有（ ）。
   A. 营业税 B. 个人所得税
   C. 印花税 D. 契税
3. 征税对象的计量单位和征税标准，即应纳税额的计算基础称为（ ）。
   A. 税目 B. 计税依据
   C. 税源 D. 税本
4. 税法构成要素中，用以区分不同税种的标志是（ ）。
   A. 纳税人 B. 征税对象
   C. 税目税率 D. 纳税环节
5. 下列税种中，全部由地方税务局负责征收的有（ ）。
   A. 2009 年注册的企业的企业所得税 B. 耕地占用税
   C. 股票交易印花税 D. 企业所得税
6. 下列税收收入中由中央和地方共享的税种有（ ）。
   A. 企业所得税 B. 消费税
   C. 车船税 D. 关税

（三）多项选择题

1. 税率的三大基本形式是( )。
   A. 比例税率 B. 累进税率
   C. 定额税率 D. 名义税率
2. 税基式减免是通过直接减小计税依据的方式实现的减免，其具体形式有( )。
   A. 起征点 B. 免征额
   C. 项目扣除 D. 跨期结转
3. 下列关于起征点、免征额的说法正确的是( )。
   A. 起征点只能照顾一部分纳税人 B. 起征点、免征额是一回事
   C. 免征额可以照顾适用范围内所有纳税人 D. 达到起征点的就对其全额征税
   E. 达到免征额的就对其进行全额征税
4. 按税收分类的不同标准，增值税属于( )。
   A. 中央地方共享税 B. 商品劳务税
   C. 地方税 D. 间接税
5. 由海关征收的税收收入包括有( )。
   A. 关税 B. 增值税

C. 个人所得税　　D. 消费税

6. 由地方税务局负责征收的税有(　　)。

A. 房产税　　B. 车船税

C. 土地增值税　　D. 增值税

7. 国家税务局系统负责征收的税有(　　)。

A. 消费税　　B. 车辆购置税

C. 船舶吨税　　D. 耕地占用税

8. 下列税法中属于税收实体法的是(　　)。

A.《中华人民共和国个人所得税法》　　B.《中华人民共和国税收征收管理法》

C.《中华人民共和国增值税暂行条例》　　D.《中华人民共和国宪法》

(四) 计算与分析题（要求列出计算过程）

1. 某八级超额累进税率表如表 2－3 所示。

表 2－3

级　次	全年应纳税所得额级距	税率%	速算扣除数
1	不超过 5 000 元的部分	5	
2	超过 5 000 元至 10 000 元的部分	10	
3	超过 10 000 元至 30 000 元的部分	20	
4	超过 30 000 元至 50 000 元的部分	30	
5	超过 50 000 元至 80 000 元的部分	35	
6	超过 80 000 元至 120 000 元的部分	40	
7	超过 120 000 元至 180 000 元的部分	45	
8	超过 180 000 元的部分	50	

要求：

(1) 按照速算扣除数的定义计算上表各级速算扣除数，并填入表内。

(2) 用计算速算扣除数的简化公式逐级验算速算扣除数。

2. 某纳税人全年应纳税所得额为15 000元，适用上题所列的超额累进税率表。

要求：

（1）分级计算其应纳税额。

（2）按速算扣除法计算其应纳税额，并比较两种计算方法的结果。

3. 甲、乙、丙三人分别从事个体经营，某月份取得营业收入分别为4 000元、5 000元、6 000元。

（1）假定起征点为月营业额5 000元，税率为营业额的5%。三人是否都应纳税？应纳税额各为多少？

（2）假定免征额为月营业额5 000元，税率为营业额的5%。三人是否都应纳税？应纳税额各为多少？

4. 某公民月工资收入2 400元，规定免征额为2 000元，适用5%的税率，其应纳税为多少？

5. 某作家的稿酬收入5万元，应纳税8 000元，但按规定可减证30%，试计算其实际应缴税多少？

第三章

增值税

学习指导

从第三章开始至第十一章，讲述我国现行的税收实体法，这是教材的主体部分。第三至五章主要介绍：增值税、消费税、营业税，这些税种属于对商品和劳务销售的征税，称为商品劳务税。商品劳务税通常按商品和劳务的销售金额或销售数量计税。其中增值税是核心税种，消费税、营业税的税率、征税范围以及部分减免税规定等，都是在确立增值税主体地位的前提下围绕着建立规范化的增值税的要求设计的。从税收收入的角度来看，增值税是我国第一大税种，它的征收贯穿于商品流通的各个环节，是一个重点税种，须重点掌握。

学习税法主要应该掌握在什么情况下要交税，谁来交税，交什么税，税款怎么计算，如何缴纳等等。

在税制构成的各个要素中，各税种的征税对象、征税范围、计税依据，涉及征税的广度，是判定相关经济行为是否征税和按什么计算应交税金的依据，具有重要的意义；各税的纳税人，是涉及各方利益的关键，在商品劳务税中，一般是谁有征税范围的业务，谁就是纳税人，通常掌握的难度不大，但是增值税涉及一般纳税人和小规模纳税人划分等因素，有一定特殊性；税率是税制的核心，决定征税的深度，对于税收立法来说很重要，但对征收机关和纳税人而言，依率执行就可以了；减税免税直接关系到纳税人的利益，但减免规定往往比较具体而且变动相对频繁，学习时一般掌握主要规定就可以了；各税学习时也要注意纳税期限、违章处理等要素。

在税收实体法各税种的学习中，正确计算各税的应纳税额，无疑是最重要的。归根结底，保证财政收入始终是税收最根本、最重要的职能，税制的设计和税收的工作的核心，是为了各项税收的及时、准确、足额上缴。

增值税是以“增值额”为征税对象。增值额是指企业或者其他经营者从事生产经营或者提供劳务，在购入的商品或者取得劳务的价值基础上新增加的价值额。可以从以下几个方面理解：

1. 从理论上讲，增值额相当于商品价值 C + V + M 中的 V + M 部分。增值额是劳动者新创造的价值，从内容上讲，大体相当于净产值或国民收入。

2. 就一个生产单位而言，增值额是这个单位商品销售收入额或经营收入额扣除非增值项目价值后的余额。这个余额，大体相当于该单位活劳动创造的价值。

3. 就一个商品的生产经营全过程来讲，不论其生产经营经过几个环节，其最后的销售总值，应等于该商品从生产到流通的各个环节的增值额之和，即：商品最后销售价格等于各环节增值额之和。

第一节讲述增值税的含义与内容。本节重点讲述了增值税的三个基本要素。

1. 征税范围。我国现行商品劳务税的征税范围可用图 3－1 表示。

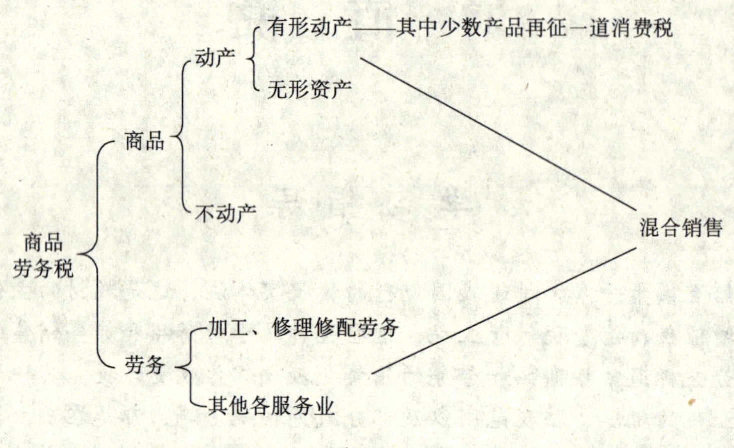

图 3－1

（1）增值税的征税范围与消费税、营业税征说范围的关系。

商品劳务包括商品和劳务，商品包括动产和不动产，增值税对有形动产征税，营业税对无形资产和不动产征税，在劳务中，增值税对加工、修理修配劳务征税，营业税对除增值税加工、修理修配劳务以外的劳务征税。除国家规定免税以外，增值税和营业税覆盖了全部产业，两税无缝对接，在征税范围的划分上两者互为补充，但互不交叉、互不重叠。

消费税只是对一部分的有形动产征税，也就是说，凡是征收消费税的产品都必须征收增值税，但是要征收增值税的并不是都要征收消费税。就有形动产而言，增值税实现普遍调节，而消费税只对特定的消费品实行特殊调节。

（2）“混合销售”和“兼营”。增值税与营业税两税并立，但互不重叠。这就意味着某种行为如果确定征增值税就不征营业税，如果确定征营业税就不征增值税。但由于经济生活的复杂多样，这两个税经常发生“边界纠纷”，集中表现为“混合销售”和“兼营”两种情况。混合销售和兼营非应税劳务的行为，都是指纳税人的经营活动中既有增值税范围中的业务，又有营业税范围中的业务。但混合销售是针对纳税人的同一项销售行为而言的，而且其销售行为的承受方只能是一方。混合销售通常表现为三个同一：同一收款人、同一付款人、同一时间发生。兼营则是针对同一纳税人的多项销售行为而言，而不论这些销售行为是否同时发生，且其销售行为的承受方可能是一方，也可能是多方。混合销售行为，一般按照纳税人主营业务确定征税。兼营，应分别核算不同收入并分别计税，如果纳税人不能分别核算或不能准确核算，由主管税务机关核定货物或应税劳务的销售额。

视同销售，是未实际发生销售行为，但必须视为销售征税的情况。其中，对代销货物及同一纳税人不同机构间异地移送货物视同销售，是为了保持税款抵扣的连贯。自产（委托加工）自用货物视同销售，是为了平衡税收负担。

现行增值税实行的是购进扣税法，当期购进货物的进项税额，可以从当期实现销售的货物的销项税额中抵扣。如果购进的已抵扣进项税额的货物被用于非应纳增值税的项目，就不会形成与之对应的增值税销项税额。因此，对不能形成销项税额的购进货物的进项税额自然不允许抵扣。在处理上，采用的方法是冲减进项税额。

2. 纳税人。增值税纳税人分为一般纳税人和小规模纳税人两类，纳税人的划分直接影响其计税方法的确定，应注意掌握其标准和办法。由于一般纳税人有税款抵扣权，因此必须按照一定的程序经过认定。

3. 税率。税率档次少，对绝大多数货物和应税劳务采取同一比例税率，这也是增值税的特点。税率部分重点是了解低税率货物。

第二节，增值税应纳税额的计算。教材中讲了多种不同的计算，部分公式可归纳如表3－1所示。

表3－1

纳税人或征税环节	计 税 公 式
一般纳税人	应纳税额＝当期销项税额－当期进项税项 ＝当期销售额×适用税率－当期进项税额 销售额＝含税销售额÷（1＋税率）
小规模纳税人	应纳税额＝当期销售额×征收率 销售额＝含税销售额÷（1＋征收率）
进口应税货物	应纳税额＝组成计税价格×适用税率 不征消费税的进口货物： 组成计税价格＝关税完税价格＋关税税额 应征消费税的进口货物： 组成计税价格＝关税完税价格＋关税＋消费税

具体应用时注意下列几个方面：

1. 一般纳税人应纳税款的计算，关键是正确确定销售额和可抵扣的进项税额，以及“当期”的确定。

2. 小规模纳税人采用简易的计税办法。与一般纳税人的计税相比，相同点是：(1) 销售额的确定一致；(2) 进口货物的计税一致。

不同点是：(1) 小规模纳税人销售货物不能独立开具增值税专用发票；(2) 小规模纳税人不能抵扣税款；(3) 小规模纳税人按征收率计税。

3. 对进口应税货物的计税注意两点：一是作为计税依据的组成计税价格；二是不得扣除税额。

第三节讲述增值税的缴纳和会计处理。

1. 纳税义务发生时间是指纳税人发生应税行为必须履行纳税义务的时间。它不同于纳税期限。纳税期限是指纳税人在发生纳税义务后，按照税收法规的规定计算、申报、缴纳应纳税款的时间界限。

2. 增值税税款的会计核算，见表3－2。

表 3－2

会计事项	会计分录	
	借　方	贷　方
一、进货及接受应税劳务		
1. 国内采购货物（取得专用发票）	应交税费——应交增值税（进项税额） 材料采购、原材料、制造费用、管理费用、销售费用、固定资产、其他业务支出等	应付账款、应付票据、银行存款等
2. 接受投资转入货物（按专用发票）	应交税费——应交增值税（进项税额） 原材料等	实收资本
3. 接受捐赠转入货物（按专用发票）	应交税费——应交增值税（进项税额） 原材料等	资本公积
4. 接受应税劳务（取得专用发票）	应交税费——应交增值税（进项税额） 其他业务支出、制造费用、委托加工物资、销售费用、管理费用等	应付账款、银行存款等
5. 进口货物（取得海关完税证）	应交税费——应交增值税（进项税额） 材料采购、原材料等 应交税费——应交增值税（进项税额）	应付账款、银行存款等
6. 购进免税产品（买价×扣除率）	材料采购、应交税费——应交增值税（进项税额）等	应付账款、银行存款等
二、销售及提供应税劳务		
1. 一般纳税人	应收账款、应收票据、银行存款等	应交税费——应交增值税（销项税额） 主营业务收入、其他业务收入等
2. 小规模纳税人	应收账款、应收票据、银行存款等	应交税费——应交增值税（也可平时不计，月底一次从收入账户转入） 主营业务收入、其他业务收入等
三、视同销售		
1. 将自产或委托加工的货物用于非应税项目	在建工程等	应交税费——应交增值税（销项税额）
2. 将自产、委托加工或购买的货物作为投资、提供给其他单位或个体经营者	长期股权投资	库存商品 应交税费——应交增值税（销项税额） 库存商品、原材料、资本公积等
3. 将自产、委托加工的货物用于集体福利或个人消费	其他业务支出、应付职工薪酬等	应交税费——应交增值税（销项税额） 库存商品
4. 将自产、委托加工或购买的货物无偿赠送他人	营业外支出等	应交税费——应交增值税（销项税额） 库存商品、原材料等
5. 将自产、委托加工或购买的货物分配给股东或投资者	应付利润	应交税费——应交增值税（销项税额） 主营业务收入、其他业务收入等
四、包装物及未退还押金		
1. 随产品出售单独计价的包装物	应收账款等	应交税费——应交增值税（销项税额）
2. 逾期未退还的包装物押金	其他应付款等	应交税费——应交增值税（销项税额） 其他业务收入等

续表

会计事项	会计分录	
	借　方	贷　方
五、出口退税		
1. 货物报关出口结转产品销售成本	主营业务成本	库存商品
2. 进项税额与按退税率计算的差额	主营业务成本	应交税费——应交增值税
3. 其余进项税额抵减内销产品销项税额	应交税费——应交增值税（出口抵减内销产品应纳税额）	应交税费——应交增值税（出口退税）
4. 实际收到退税款	银行存款	应交税费——应交增值税（出口退税）
六、非正常损失及购进货物改变用途，其进项税额应相应转入有关科目	待处理财产损溢、在建工程、应付职工薪酬等	应交税费——应交增值税（进项税额转出）
七、上缴增值税	应交税费——应交增值税（已交税金）	银行存款

第四节，增值税专用发票。明确增值税专用发票的领购使用，专用发票的开具，取得专用发票后发生退货或开票有误等情况的处理，专用发票的认证等主要规定。

思考与练习

一、基本概念

1. 增值额

2. 增值税

3. 销项税额

4. 进项税额

二、思考与讨论

1. 增值税制有什么优点？

2. 增值税一般纳税人和小规模纳税人在计税上有何异同？

3. 增值税纳税人的混合销售行为与兼营非应税劳务有何不同？它们各自如何计税？

4. 增值税专用发票有什么重要作用？

5. 假定某件货物从生产到零售依次经过甲、乙、丙、丁、戊五个企业。其中甲企业生产原材料，并假定没有购进和消耗劳动对象；乙企业从甲企业购进原材料，生产半成品；丙企业从乙企业购进半成品生产最终产品，然后卖给批发企业丁；戊企业从丁企业进货零售，直接卖给消费者。这一货物适用 17% 的税率，各企业的销售收入（含增值税额）、销售额（不含增值税额）、销项税额、进项税额和应纳税额数据如表 3－3 所示。

表 3－3

企 业	含税销售收入	其中		进销税额	应纳税额	增值额
		销售额	销项税额			
甲	1 170	1 000	170	0	170	1 000
乙	1 638	1 400	238	170	68	400
丙	2 223	1 900	323	238	85	500
丁	2 574	2 200	374	323	51	300
戊	2 808	2 400	408	374	34	200
Σ					408	2 400

根据以上资料，分析各生产经营环节之间销售额、增值额、销项税额、进项税额、应纳税额之间的相互关系，理解增值税的基本原理，并了解各环节的税负是怎样最终转嫁给消费者的。

三、练习

（一）判断题

1. 一般纳税人和小规模纳税人销售农机、化肥，适用13%的低税率。（　　）

2. 增值税纳税人兼营非应税劳务，应当分别计算应税货物和非应税劳务的销售额或营业额。未分别核算销售额或营业额的，应当从高征收营业税。（　　）

3. 增值税征收率只适用于小规模纳税人，不适用于一般纳税人。（　　）

4. 农业生产者销售的自产农业产品，包括种植业、养殖业、林业、牧业和水产业生产的各种初级产品免征增值税。（　　）

5. 某增值税纳税人用当月领用外购原材料的30%制成产品实现销售，则计算其销售产品的应纳增值税时只允许抵扣外购原材料30%的进项税额。（　　）

6. 现行增值税出口货物退税率与增值税税率不尽相同。（　　）

7. 纳税人采取折扣销售方式销售货物的，如果销售额和折扣额在同一张发票上分别注明的，可按折扣后的余额作为销售额计算增值税；如果将折扣额另开发票，不论其在财务上如何处理，均不得从销售额中减除折扣额。（　　）

8. 增值税规定的纳税期限分别为1日、3日、5日、10日、15日或1个月。（　　）

9. 非固定业户到外县（市）销售货物或应税劳务，未向销售地主管机关申报纳税的，由其机构所在地或居住地主管税务机关补征税款。（　　）

10. 专用发票只限于增值税一般纳税人领购使用，增值税的小规模纳税人和非增值税纳

税人不得领购使用。（　　）

11. 现行增值税税率有17%、13%、3%和出口应税货物适用的零税率。（　　）

12. 增值税纳税人既从事货物销售，又从事非应税劳务，这属于混合销售行为。（　　）

13. 进口增值税应税货物，按照组成计税价格和适用税率计算应纳税额；其适用税率，一般纳税人为17%或13%，小规模纳税人为6%或者4%。（　　）

14. 增值税一般纳税人销售货物或提供应税劳务，只能向购买方开具增值税专用发票，不能开具普通发票。（　　）

15. 纳税人购进固定资产，其进项税额不得从销项税额中抵扣；纳税人销售固定资产，也无须计算收取增值税款。（　　）

16. 规定视同销售货物的进项税额，凡有合法抵扣凭证的，准予从销项税额中抵扣。（　　）

17. 增值税是价外税，但日常生活中，消费者到商店购物付款，则一并支付了该货物的增值税税款。（　　）

（二）单项选择题

1. 下列属于增值税应税货物的是（　　）。

A. 土地　　B. 建筑物

C. 自来水　　D. 无形资产

2. 下列进项税额不准予抵扣的是（　　）。

A. 自产的货物用于本企业幼儿园　　B. 自产的货物用于非应税项目

C. 委托加工的货物发给职工个人　　D. 购进的货物用于免税项目

3. 某企业本月份将自产的一批生产成本为10万元（耗用上月外购材料7.5万元）的食品发给职工，则下列说法正确的是（　　）。

A. 应反映销项税额1.87万元　　B. 应反映销项税额1.7万元

C. 应反映应纳税额1.7万元　　D. 应转出进项税额1.275万元

4. 关于在不同销售方式下确定计征增值税的销售额，下列说法中正确的是（　　）。

A. 采取折扣方式销售货物，如果销售额和折扣额在同一张发票上分别注明的，可按折扣后的余额作为计税销售额

B. 采取以旧换新方式销售货物，按新货物的同期销售价格扣减旧货物的收购价格后作为计税销售额

C. 采取还本销售方式销售货物，其销售额可以从销售额中减除还本支出

D. 采取以物易物方式销售，如未发生补价，则无计税销售额

5. 依据增值税的有关规定，销售下列产品的不作价随同货物出售，而是另外收取，并单独记账核算的包装物押金，可以不并入当期销售额征税的是（　　）。

A. 白酒　　B. 果木酒

C. 黄酒　　D. 酒精

6. 甲企业（增值税一般纳税人）销售自己使用过且未抵扣进项税额的小汽车1辆，原价46万元，售价52万元，则甲企业该销售货物应纳增值税为（　　）。

A. 2万元　　B. 2.08万元

C. 1.02 万元　　D. 8.82 万元

7. 下列项目中不应并入销售额计算征收增值税的是（　　）。

A. 代垫款项

B. 向购买方收取的全部价款

C. 包装物租金

D. 受托方加工应征消费税的消费品所代收代缴的消费税

8. 增值税专用发票的基本联次中，可作为购货方抵扣凭证的是（　　）。

A. 第一联　　B. 第二联

C. 第三联　　D. 第四联

（三）多项选择题

1. 境内销售货物是指销售的货物的（　　）在境内。

A. 起运地　　B. 销售地

C. 所在地　　D. 生产地

2. 下列行为视同销售，征收增值税的有（　　）。

A. 将货物交付他人代销

B. 将自产、委托加工或购买的货物作为投资，提供给其他单位或个体经营者

C. 将购买的货物用于非应税项目

D. 设有两个以上机构并实行统一核算的纳税人，在同一县（市）将货物从一个机构移送其他机构用于销售

3. 下列项目即使取得增值税专用发票，其进项税额也不得从销项税额中抵扣的有(　　)。

A. 销售免税货物的运输费用

B. 将购买的货物无偿赠送他人

C. 用于非增值税应税项目、免征增值税项目、集体福利或者个人消费的购进货物或者应税劳务

D. 非正常损失的购进货物

4. 下列货物中免征增值税的有(　　)。

A. 农民销售自养的生猪

B. 食品公司收购后销售的生猪

C. 农场销售自产的水果

D. 农村乡镇企业以当地自产的水果加工生产销售的水果罐头

5. 下列行为应征收增值税的有(　　)。

A. 自来水公司供应自来水

B. 供销部门销售农副产品

C. 邮政部门销售信封、信纸和集邮商品

D. 生产企业以自己的产品与另一企业换取原材料

6. 将取得专用发票的购进货物用于下列项目，其进项税额准予抵扣的有(　　)。

A. 用于生产增值税应税产品　　B. 作为一部分利润分配给股东

C. 赠送给当地体育运动会　　D. 作为对外投资入股

7. 纳税人销售或进口下列货物，适用增值税税率13%的有(　　　　)。

A. 图书、报纸、杂志　　　　B. 粮食、食用植物油

C. 居民生活必需品　　　　D. 非金属矿采选产品

8. 我国现行增值税的征税范围包括(　　　　)。

A. 销售的货物　　　　B. 进口的货物

C. 受托加工货物　　　　D. 提供修理修配劳务

9. 下列货物销售行为中属于征收率为4%范围的是(　　　　)。

A. 小规模纳税人销售货物

B. 典当业销售死当物品

C. 经国务院或国务院授权机关批准的免税商店零售的免税品

D. 寄售商店代销寄售物品

10. 纳税人发生视同销售货物行为而无销售额，税务机关有权核定其销售额，其核定依据可以是(　　　　)。

A. 纳税人最近时期同类货物的平均销售价格

B. 纳税人最近时期同类货物的最高销售价格

C. 其他纳税人最近时期同类货物的平均销售价格

D. 组成计税价格

11. 下列情形中不得开具增值税专用发票的有(　　　　)。

A. 向消费者个人销售货物或者应税劳务　　　　B. 销售货物或者应税劳务适用免税规定

C. 小规模纳税人销售货物或者应税劳务　　　　D. 将货物无偿赠送他人用于集体福利

(四) 计算题

1. 某一般纳税人的含税收入是234 000元，要求：计算其销售额和销项税额。

2. 某纳税人1月份业务：(1) 销售甲产品50万元，在该发票上注明9折销售，实收价款45万元；(2) 1月2日销售乙产品60万元，合同付款条件10/10、5/20、n/30，购买方1月5日付款；(3) 销售丙产品100箱，价款每箱1万元，另赠送丙产品2箱。

要求：计算其销售额。

3. 某食品厂（增值税一般纳税人）中秋节将本厂生产的月饼100箱分给职工，该月饼的生产成本是1 000元/箱。当月，该厂销售同类月饼三批：第一批500箱，每箱售价1 500元；第二批600箱，每箱售价1 450元；第三批800箱，每箱售价1 400元。

要求：计算该厂当月分给职工的月饼的销售额和销项税额。

4. 某厂为一般纳税人，某月有如下业务：（1）向农民收购玉米，价款50.8万元，另支付玉米运费3 000元；（2）进口一台生产设备，海关进口增值税专用缴款书上注明增值税2.7万元，并支付国内运费500元；（3）销售白酒2吨，销售额20万元，支付运费1 500元。

要求：上述业务均取得增值税扣税凭证，请计算其进项税额。

5. 永泰服装厂为增值税一般纳税人。该公司2月份发生以下经济业务：（1）外购生产用布料，取得的增值税专用发票注明不含税价款为40万元，运输单位开具的货运发票注明的运费金额为1万元，增值税专用发票已通过认证；（2）销售服装，取得含税销售价款93.6万元。

要求：计算该厂当月应纳增值税。

6. 某工厂为增值税一般纳税人，本月发生下列业务：（1）购入生产用 A 材料，专用发票注明买价 300 万元，增值税 51 万元，普通发票注明运费 20 万元；（2）购入辅料，普通发票注明价款共 46.8 万元；（3）购入用于职工福利的 B 材料，专用发票注明买价 200 万元，增值税 34 万元；（4）购入生产用 C 材料，含增值税买价 117 万元，材料已到，取得增值税专用发票尚未到税务机关认证；（5）购入生产用 D 材料，专用发票注明买价 500 万元，增值税 85 万元，因发生火灾，损失 40%；（6）购进生产用设备一台价款 20 万元，增值税 3.4 万元，运费 500 元。

要求：请计算进项税额。

7. 某商业零售企业为增值税小规模纳税人，10 月购进货物取得普通发票，共计支付金额 12 000 元；本月内销售货物取得零售收入共计 20 600 元。

要求：计算该企业当月应缴纳的增值税。

8. 某机械厂某月发生如下经济业务：

（1）销售车床 10 台，开出增值税专用发票，标明的单价为 1 000 元，随着销售另外收取集资费（优质费）2 340 元，收到转账支票一张。

（2）销售并发出已预收货款 1 700 元的矿山设备一台，含税销售额为 11 700 元，余款 1 万元于 3 个月后结清。

（3）销售电机 30 台，每台不含税价 0.7 万元，开出增值税专用发票，另外收取包装费和售后服务费 3 万元，开出普通发票一张。

要求：请计算该厂当月销项税额。

9. 某商贸公司是增值税一般纳税人，并具有进出口经营权，某月从国外进口小轿车一辆，关税完税价格49万元，关税9.8万元，消费税51 130.43元。计算小轿车进口环节应缴纳的增值税。

10. 某商场为增值税一般纳税人，某月发生以下购销业务：

（1）购入服装两批，均取得税控增值税专用发票。两张专用发票上注明的货款分别为20万元和36万元，进项税额分别为3.4万元和6.12万元，其中第一批货款20万元的专用发票没有通过税务机关的认证，第二批货款36万元的专用发票经过了税务机关的认证。另外，先后购进这两批货物时已分别支付两笔运费0.26万元和4万元，并取得承运单位开具的普通发票，并通过税务机关的比对。

（2）批发销售服装一批，取得不含税销售额18万元，采用委托银行收款方式结算，货已发出并办妥托收手续，货款尚未收回。

（3）零售各种服装，取得含税销售额38万元，同时将零售价为1.78万元的服装作为礼品赠送给了顾客。

（4）采取以旧换新方式销售家用电脑20台，每台零售价6 500元，支付顾客每台旧电脑收购款500元。即实际收款每台6 000元。

要求：计算该商场当月应缴的增值税。

11. 某工业企业为一般纳税人，5月份有关会计资料如下：

（1）采用交款提货方式销售货物200万元，并开具增值税专用发票；

（2）以折扣方式销售货物销售额为120万元，另开红字专用发票折扣20万元；

（3）当月采购材料取得的专用发票上注明的价款为100万元，货款已付，但发票当月没有认证；

（4）当月企业为装修多功能厅购进一批装饰材料，取得的专用发票上注明价款20万元，增值税款为3.4万元，支付该项采购运输费0.5万元；

（5）从农民手中购入棉花，作为本企业的原料，支付价款11万元、运输费1万元；

（6）从国外购进一台机器，价款为5万美元，海关代征进口环节的增值税7万元，取得海关进口增值税专用缴款书。

要求：请计算该企业当月应纳增值税。

12. 某增值税一般纳税人，9 月份发生如下业务：

（1）购进并入库原材料一批，取得增值税专用发票，进项税额为 12 万元；

（2）支付入库货物运输费，运输费金额为 2 万元；

（3）销售产品，开具增值税专用发票，销售额为 800 万元；

（4）采用以旧换新方式向消费者销售产品，收入 30 万元（已扣除收购旧货 2.76 万元）；

（5）购进广告性礼品，专用发票注明价款 10 万元，增值税 1.7 万元，已分送客户。

要求：当月取得的发票都已认证，请计算企业当期应纳的增值税税额。

13. 某农机厂 1 月份发生下列业务：

（1）购入农机专用零件一批，取得增值税专用发票，注明不含税价款 10 万元；

（2）购入电吹风 100 个，取得增值税专用发票，注明价款 1 万元，增值税 1 700 元；

（3）将 50 个电吹风奖励单位工会先进分子，50 个作为春节小礼品赠送采购方的人员；

（4）接受其他农机厂委托代加工专用农机一台，对方提供材料价值 4 000 元，本厂收取加工费 2 000 元；

（5）销售农机取得不含税收入 12 万元。

要求：计算该企业当月应纳增值税。

14. 某药厂4月份发生如下业务：

（1）购进抗菌原料药，专用发票注明价款2万元，增值税3 400元；

（2）购进隔离工作服，专用发票注明价款1万元，增值税1 700元；

（3）销售抗菌1号药品10箱，取得不含税收入10万元；

（4）将抗菌1号药品1箱发给职工，成本5 000元；

（5）销售免税药品11 000元。

要求：专用发票已认证，计算当期增值税。

15. 某县城玩具厂为增值税的一般纳税人，本月发生以下业务：

（1）销售一批玩具，取得不含税价款100万元；

（2）销售一批绒毛布料价税合计收取2.34万元；

（3）为一活动加工定做吉祥物，收加工费3万元，税金0.51万元；

（4）付水电费取得专用发票上注明税金0.4万元，发票已认证；

（5）购进原料，认证专用发票上的税金2.9万元，货已入库；

（6）零售边角料取得现金收入0.5万元；

（7）售货时，支付铁路部门运输费0.6万元，建设基金0.02万元，装卸费0.5万元，已取得运输部门发票；

（8）用一批滞销玩具向小规模纳税人换取了一批玩具填充物，该批玩具账面成本0.8万元；

（9）售给小规模纳税人一批玩具，开具的普通发票的价款1万元；

（10）上期留抵税额2万元。

要求：计算玩具厂应纳增值税。

16. 某机械厂为一般纳税人，生产车床。10月份发生经济业务如下：

（1）外购机油，取得并认证增值税专用发票，货价金额为2万元，税额3 400元；

（2）销售车床6台，开具增值税发票，每台不含税单价为12万元；

（3）销售给小规模纳税人机器零件，开具普通发票金额为11 000元；

（4）工会组织演出领取机油，账面成本200元。

要求：计算该厂10月份应纳的增值税税额。

第四章

消费税

学习指导

本章以消费税的征税范围和计算为重点，同时要特别注意征税项目、税率、纳税环节和计税的特殊规定。

在第一节中，应注意掌握以下要点：

1. 征税范围不仅要知道14个税目，还需了解各税目的具体内容（即征税范围的注释）。同时，需掌握视同销售的规定。

2. 税率，要注意它在烟、酒等一些稍为复杂情况下的运用。其中贯穿始终的一条原则是，对不能确定征税子目和适用税率的应税消费品，原料无法确定或以多种原料混合生产的应税消费品，一律从高适用税率。

3. 消费税实行单环节征税，这是消费税与增值税的区别之一。其纳税环节一般是在纳税人生产销售应税消费品的环节征税。消费税一般选择在生产销售环节征税而不是在零售消费的环节征税，是因为前者可以减少纳税人的数量，降低征收费用和税源流失风险，保证税款的及时入库；同时，也符合消费者的消费习惯。在确定基本纳税环节的同时，考虑应税消费品经营情况的不同，为平衡税负，便于征管，对自产自用、委托加工、进口应税消费品的纳税环节又作了特殊规定。其中委托加工应税消费品一般由受托方于委托方提货时代收代缴税款。

第二节重点掌握消费税的计算。

消费税是价内税，也就是说消费税税额是价格的一个组成部分，应税消费品的销售价格是含消费税的（但不含增值税税额）。由于消费税实行从价定率、从量定额或从价定率与从量定额相结合的征收方法。因此计税依据分为两大类，一是应税消费品的销售（移送、进口）数量；二是应税消费品的销售额。

在没有同类应税消费品销售价格的情况下，须按组成计税价格计税。三个组成计税价格的公式有一个共同点，即分母均为（1－消费税税率）。其实质是将不含消费税的价格（即只含成本和利润或相当于成本和利润的价格）换算为含消费税的价格，使组成计税价格＝成本＋利润＋消费税税额。这与含增值税的销售额换算为不含税的销售额正好相反。

第三节主要讲述税款的缴纳和会计核算。关于消费税税额的核算，可归纳为表4－1。

表4－1

会计事项	会计分录	
	借方	贷方
一、销售自产应税消费品		
1. 从销售额中计提消费税金	营业税金及附加	应交税费——应交消费税
2. 随同产品出售但单独计价的包装物应交消费税金	其他业务支出	应交税费——应交消费税
3. 逾期未还包装物押金应交消费税金	其他业务支出、其他应付款	应交税费——应交消费税
4. 实际缴纳消费税	应交税费——应交消费税	银行存款 营业税金及附加
5. 发生销货退回及退税	应交税费——应交消费税 银行存款	应交税费——应交消费税
二、自产自用应税消费品		
1. 以自产应税消费品作为投资应交消费税	长期投资	应交税费——应交消费税
2. 以自产应税消费品用于在建工程应交消费税	在建工程	应交税费——应交消费税
3. 以自产应税消费品换取生产资料、生活资料、抵偿债务及代购手续费应交消费税	营业税金及附加	应交税费——应交消费税
三、委托加工应税消费品		
1. 受托方代收代缴消费税	应收账款、银行存款	应交税费——应交消费税
2. 委托方收回后直接销售将已代缴税金计入委托加工应税产品成本	委托加工材料	应付账款
3. 委托方收回后用于连续生产应税消费品，准予抵扣已代缴税	应交税费——应交消费税	应付账款
四、进口应税消费品	固定资产、商品采购、材料采购	银行存款
五、出口应税消费品		
1. 自营出口或委托外贸企业代理出口自产应税消费规定免税的	可不作分录	
2. 委托外贸代理出口应税消费品；规定先征后退的		
委托方应交消费税金	应收账款	应交税费——应交消费税
委托方收到外贸企业转来退回的税金	银行存款	应收账款
代理出口方收到税务部门退回的消费税金	银行存款	应付账款
代理出口方将税金退还生产企业	应付账款	银行存款
3. 外贸企业收购应税消费品出口		
申请出口退税	应收出口退税	商品销售成本
收到退回税金	银行存款	应收出口退税
发生退关或退货补缴已退消费税	应收出口退税	银行存款

思 考 与 练 习

一、基本概念

1. 消费税

2. 委托加工产品

二、思考与讨论

1. 征收消费税有哪些作用？

2. 消费税与增值税比较，有何区别和联系？

3. 在哪几种情况下，应纳消费税需按组成计税价格计征？这些组成计税价格的公式有什么共同点？其含义是什么？

三、练习

（一）判断题

1. 缴纳消费税的纳税人不需缴纳增值税。（　）
2. 进口卷烟、白包卷烟、手工卷烟一律按56%的税率征收其比例税率部分的消费税。（　）
3. 外购两种以上酒精生产的白酒，一律从高确定税率。（　）
4. 进口的应税消费品，于销售时纳税。（　）
5. 金银首饰消费品在批发环节按5%的税率征税。（　）
6. 商店在销售烟、酒等应税消费品时，不征消费税，但要征收增值税。（　）
7. 企业受托加工应税消费品，如没有同类消费品的销售价格，可按委托加工合同上注明的材料成本与加工费之和为组成计税价格，计算代收代缴的消费税。（　）
8. 委托加工应税消费品的纳税义务人是受托方。（　）
9. 应税消费品的销售额包含消费税，但不包括增值税。（　）
10. 化妆品在生产、批发、零售环节均要缴纳增值税和消费税。（　）
11. 销售所有酒类产品收取的包装物押金，无论是否返还或会计上如何处理，均应并入销售额征收消费税。（　）
12. 消费税是价内税，纳税人不承担最终税负，应税消费品的最终购买者承担了税负。（　）

（二）单项选择题

1. 征收消费税的高档手表是指销售价格（不含增值税）每只（　）。
   A. 在1万元（含）以上的各类手表　B. 在2 000元（含）以上的各类手表
   C. 在5 000元（含）以上的各类手表　D. 在1 000元（含）以上的各类手表
2. 下列各项中，符合消费税有关规定的是（　）。
   A. 纳税人的总、分支机构不在同一县（市）的，一律在总机构所在地缴纳消费税
   B. 纳税人销售的应税消费品，除另有规定外，应向纳税人核算地税务机关申报纳税
   C. 纳税人委托加工应税消费品，其纳税义务发生时间，为纳税人支付加工费的当天
   D. 因质量原因由购买者退回的消费品，可直接退还已征的消费税，也可直接抵减应纳税额

3. 下列各项中，符合消费税法中有关应按当期生产领用数量计算准予扣除外购的应税消费品已纳消费税税款规定的是（　　）。

A. 外购已税白酒生产的药酒

B. 外购已税化妆品生产的化妆品

C. 外购已税白酒生产的巧克力

D. 外购已税珠宝玉石生产的金银镶嵌首饰

4. 下列各项中，符合消费税纳税义务发生时间规定的是（　　）。

A. 进口的应税消费品，为取得进口货物的当天

B. 自产自用的应税消费品，为移送使用的当天

C. 委托加工的应税消费品，为支付加工费的当天

D. 采取预收货款结算方式的，为收到预收款的当天

5. 下列项目中应视同销售，需要缴纳消费税的是（　　）。

A. 用外购已税酒精继续加工成粮食白酒

B. 用自制的酒精继续加工成粮食白酒

C. 某汽车厂将自制的小汽车用于对外投资

D. 委托加工收回的酒精继续加工成粮食白酒

6. 下列消费税项目中，属于从量征收和从价征收复合征税范围的是（　　）。

A. 卷烟　　B. 雪茄烟

C. 啤酒　　D. 汽油

7. 对于从价征收消费税的应税消费品，计税销售额需要按照组成计税价格确定时，下列公式错误的有（　　）。

A. 生产销售环节组成计税价格 $=\dfrac{\text{成本}\times(1+\text{成本利润率})}{1-\text{消费税税率}}$

B. 进口环节组成计税价格 =（关税完税价格 + 关税）÷（1 + 消费税税率）

C. 进口环节组成计税价格 = 关税完税价格 + 关税 + 消费税

D. 委托加工环节组成计税价格 $=\dfrac{\text{材料成本}+\text{加工费}}{1-\text{消费税税率}}$

8. 下列有关消费税纳税义务发生时间说法正确的是（　　）。

A. 预收货款结算方式下发出应税消费品的当天

B. 赊销方式下收到货款当天

C. 预收货款结算方式下收到货款当天

D. 分期收款结算方式下实际收款日期

9. 根据现行消费税政策，下列各项中不属于应税消费品的是（　　）。

A. 高尔夫球及球具　　B. 实木地板

C. 护肤护发品　　D. 一次性木筷

10. 纳税人用于投资入股的应税消费品，其消费税的处理是（　　）。

A. 不征消费税　　B. 按同类商品平均售价计征消费税

C. 按市场价格计征消费税　　D. 按同类商品最高售价计征消费税

11. 下列项目中，符合消费税纳税地点规定的是（　　）。

A. 自产自用的应税消费品在使用地纳税

B. 委托个人加工应税消费品的，在受托方所在地纳税

C. 总、分机构不在同一县（市）的，在总机构所在地纳税

D. 委托外地代销的，销售后回纳税人核算地纳税

12. 纳税人进口金银首饰，其消费税的纳税环节是（　　）。

A. 进口环节　　B. 批发环节

C. 零售环节　　D. 进口和零售环节

13. 进口的应税消费品，由进口人或其代理人向（　　）海关申报纳税。

A. 企业所在地　　B. 企业核算地

C. 货物入境地　　D. 报关地

14. 根据我国现行的消费税制度，下面各种税法不正确的是（　　）。

A. 消费税是价内税　　B. 消费税是选择部分消费品课税

C. 消费税一般对同一消费品只能课征一次　　D. 消费税实行的是差别比例税率

15. 下列可以扣除外购应税消费品已纳消费税的是（　　）。

A. 外购已税汽车轮胎生产并销售的小轿车

B. 外购已税摩托车生产并销售的摩托车

C. 外购酒精生产并销售的白酒

D. 外购已税珠宝玉石生产并销售的化妆品

（三）多项选择题

1. 消费税同其他商品劳务税相比，有以下特点(　　　)。

A. 征收范围广泛

B. 征收环节单一

C. 采用从价定率征收、从量定额征收和复合征收

D. 实行差别较大的比例税率、定额税率

2. 消费税对不同应税消费品采取的税率有(　　　)。

A. 比例税率　　B. 定额税率

C. 超额累进税率　　D. 比例税率与定额税率相结合

3. 下列各项中，应当征收消费税的有(　　　)。

A. 用于本企业连续生产应税消费品

B. 用于奖励代理商销售业绩的应税消费品

C. 用于本企业生产性基建工程的应税消费品

D. 用于捐助国家指定的慈善机构的应税消费品

4. 下列各项中，应按销售自制应税消费品缴纳消费税的有(　　　)。

A. 自己购进原材料加工后销售的应税消费品

B. 先将原材料卖给委托方，然后再接受加工的应税消费品

C. 以委托方名义购进原材料生产的应税消费品

D. 由委托方提供原材料，自己只收取加工费和代垫部分辅助材料加工的应税消费品

5. 下列各项中，有关消费税的纳税地点正确的有(　　　)。

A. 纳税人进口应税消费品，在纳税人机构所在地缴纳消费税

B. 纳税人自产自用应税消费品，在纳税人核算地缴纳消费税

C. 纳税人委托加工应税消费品，一般回委托方所在地缴纳消费税

D. 纳税人到外县销售自产应税消费品，应回核算地或所在地缴纳消费税

6. 下列各项中符合委托加工应税消费品消费税处理规定的是(　　)。

A. 纳税人未提供材料成本的，受托方所在地主管税务机关有权核定其材料成本

B. 受托方无同类消费品销售价格的,应按(材料成本+加工费)÷(1-消费税税率)计算

C. 委托方收回后直接出售的应税消费品，受托方在交货时已代收代缴消费税的，不再征收消费税

D. 委托方收回后直接出售的应税消费品，受托方在交货时已代收代缴消费税的，应征收消费税

7. 以下企业出口应税消费品不得退税的有(　　)。

A. 外贸企业收购后出口　　B. 外商投资生产企业自营出口

C. 生产单位自营出口　　D. 生产单位委托代理出口

8. 下列情况中应征消费税的有(　　)。

A. 将自产应税消费品发给职工使用

B. 外购已税消费品用于连续生产应税消费品

C. 作为展销样品的化妆品

D. 用于广告的化妆品

9. 某公司将自产消费品用作职工福利，其成本为8万元，消费税税率为8%，消费税成本利润率为5%，则其计税销售额（组价）为(　　)。

A. 消费税组成计税价格为9.13万元　　B. 消费税组成计税价格为7.78万元

C. 增值税组成计税价格为9.13万元　　D. 增值税组成计税价格为8.8万元

10. 纳税人用于(　　)的应税消费品，应以其同类应税消费品的最高销售额为依据计算消费税。

A. 投资入股　　B. 抵偿债务

C. 换取生产资料　　D. 换取生活资料

11. 下列关于消费税纳税地点的阐述正确的有(　　)。

A. 自产自用应税消费品，应在使用地主管税务机关申报纳税

B. 委托加工的应税消费品，除受托方为个人外，由受托方向机构所在地或者居住地的主管税务机关解缴消费税税款

C. 进口的应税消费品，由进口人或者其代理人向报关地海关申报纳税

D. 卷烟批发环节消费税，由卷烟批发企业向机构所在地的主管税务机关申报纳税，总机构与分支机构不在同一地区的，由总机构申报纳税

12. 下列项目中，不符合消费税纳税义务发生时间规定的有(　　)。

A. 分期收款方式下，合同规定的收款日期

B. 预收货款方式下，货物发出的当天

C. 采取托收承付和委托银行收款方式的，为收到货款的当天

D. 报关进口的货物为海关填发海关进口消费税专用缴款书之日起15日内

（四）计算题

1. 某外贸公司从国外进口一批摩托车（汽缸大于250CC），关税完税价和关税合计45万元，当月全部售出，取得含增值税的销售收入107.64万元。

要求：分别计算进口和销售环节的增值税、消费税。

2. 甲企业委托乙企业（均为增值税一般纳税人）加工一批化妆品，甲企业提供成本为30万元的材料，支付给乙企业加工费5万元，分别计算甲、乙企业各自应纳的消费税和增值税。

3. 某烟厂烟丝全部外购并用于卷烟的生产，4月份烟丝的期初库存2万元，当月购进烟丝取得的增值税专用发票注明税款8.5万，烟丝期末库存8万元。

要求：计算当月可以抵扣的消费税。

4. 某卷烟厂提供一批烟叶委托某烟丝厂加工成烟丝。委托加工合同注明烟叶成本金额6万元，加工费3 700元。卷烟厂提货时，烟丝厂按组成计税价计算代收代缴消费税。卷烟厂当月将这批收回的烟丝，一半直接对外销售，取得不含增值税收入45 500元；一半用于生产成30标准箱卷烟销售，向购买方开具的增值税专用发票上注明价税合计款438 750元。

要求：计算卷烟厂应纳消费税（该型号香烟核定价格40元/条）。

5. 某石油化工厂是增值税一般纳税人，9 月份发生以下业务：（1）生产销售含铅汽油 500 吨，单价 2 500 元/吨（不含税）；（2）销售柴油 300 吨，单价 2 000 元/吨（不含税）；（3）用30 吨柴油换 20 吨大米用于职工福利；（4）购进原材料收到增值税专用发票注明税金为 50 万元（增值税专用发票未认证）。

要求：计算应纳增值税、消费税税额（汽油：1 吨 =1 388 升；柴油：1 吨 =1 176 升；柴油生产成本 1 500 元/吨）。

6. 某摩托车厂是增值税一般纳税人，专门用二轮摩托车改装生产三轮摩托车，某月发生以下经济业务：

（1）月初库存二轮摩托车 20 辆，单价 5 600 元，月末库存二轮摩托车 30 辆，单价 5 300 元；

（2）当月购进二轮摩托车 80 辆，单价 5 300 元（不含税），取得增值税专用发票并已经认证；

（3）当月销售三轮摩托车 85 辆，含增值税销售单价 11 700 元；

（4）本月购进摩托车配件一批，含增值税的价款为 351 000 元，取得增值税专用发票并已经认证；

要求：上述摩托车气缸容量均在 250 毫升以上，计算本月应纳增值税、消费税税额。

7. 某酒厂某月业务如下：

（1）以直接收款方式销售白酒 10 吨，价款 5 万元；销售白酒 200 吨，价款 83 万元，随同产品销售单独计价的包装物 18 720 元，代垫运费 8 000 元（承运部门将发票开给购货方）。

（2）销售给外地糖烟酒公司白酒 1 000 吨，价款 435 万元，另收包装物押金 58 500 元。

（3）以直接收款方式销售白酒 2 吨，收取现金 8 000 元；

（4）以分期收款方式销售白酒 160 吨，合同规定本期应收价款 80 万元，但款项尚未到账。

（5）委托某商场代销甲类啤酒，收到代销啤酒清单计销售数量 30 吨，价款 12 万元，款到已入账。

（6）直接销售乙类啤酒50吨，价款8万元，另外收取包装物押金35 100元，款已全部存银行。

要求：计算该厂当月应纳消费税（以上“价款”均不含增值税）。

8. 甲卷烟厂主要生产X牌卷烟，8月份发生如下业务：

（1）8月5日购买一批烟叶，取得增值税专用发票注明的价款为10万元，税款1.3万元。

（2）8月15日，将8月5日购进的烟叶发往乙烟厂，委托乙烟厂加工烟丝，收到的增值税专用发票注明的支付加工费4万元，税款0.68万元。

（3）收回烟丝后领用一半用于卷烟生产，另一半直接出售，取得价款18万元，税款3.06万元。

（4）8月16日，销售X牌卷烟100箱（标准箱，每箱5万支，下同），每箱不含税售价1.5万元，款项存入银行。

（5）8月23日，销售X牌卷烟200箱，每箱不含税售价1.26万元，款项存入银行。

注：乙烟厂无同类烟丝销售价格，国家税务总局核定的X牌卷烟计税价格为每标准箱1.3万元。

要求：计算该烟厂当月应纳消费税和增值税。

9. 某酒厂5月份发生以下业务：

（1）销售白酒1吨，取得不含税销售额3.8万元。

（2）自制白酒5吨，对外售出4吨，收到不含税销售额20万元（含包装费3万元），另收取包装物押金（单独核算）0.2万元。

（3）自产药酒1 200斤，全部售出，普通发票上注明销售额7.2万元。

（4）从另一酒厂购入白酒800斤（已纳消费税0.4万元），全部勾兑成低度白酒出售，数量1 000斤，取得不含税销售额2.5万元。

（5）为厂庆活动特制白酒2 000公斤，全部发放职工，无同类产品售价。每公斤成本为

15 元。

要求：计算该酒厂本月应纳消费税（白酒定额税率为 0.5 元/斤，比例税率为 20%，药酒比例税率为 10%，粮食的成本利润率为 10%）。

10. 某日化厂期初库存外购化妆品增值税专用发票上注明的价税合计 16 万元，其末库存余额 2 万元。本月销售化妆品取得销售额 83 万元，税金 14.11 万元。按出厂价 20 万元给非独立核算门市部一批化妆品，门市部本月售出一部分，零售收入 40.95 万元。专门特制的成本为 3 万元的（不含税价）化妆品半成品发给本厂女工。出售化妆品，取得含税价 126.36 万元。

要求：计算日化厂应缴纳的消费税（化妆品适用 30% 的税率，成本利润率为 5%）。

11. 某生产企业生产的货物为应税消费品，本月发生以下业务：

（1）销售自产消费品取得含税收入 1 200 万元；

（2）受托加工应税消费品，收取的加工费和税金分别为 18 万元、3.06 万元；委托方提供的原材料价税合计为 585 万元；

（3）进口一批应税消费品到岸价格为 158 万元，海关核定的完税价格为 170 万元，征收关税 136 万元，进口后又将其售出，取得不含税价款 280 万元。

要求：计算生产企业应纳消费税及代收代缴消费税（应税消费品税率为 15%）。

12. 某汽车制造厂主要生产小客车（应税消费品）和小货车，某月主要发生以下业务：

（1）销售小客车20辆，每辆售价8万元（不含税），另收取运输费每辆2 340元，货款已存入银行。

（2）用自产小客车4辆换取一批汽车轮胎，对方是小规模纳税人，开具普通发票上按成本价注明金额共计21.2万元。

（3）接受一客户委托，将自产小客车改装成客货两用车（仍为应税消费品），小客车成本共计5万元，改装加工成本1万元，汽车厂按委托加工代收代缴了消费税。

（4）接受另一客户订购任务，订购专用冷藏车1辆，交货时客户支付货款（含税）250 800元，另付设计、改装费3万元。

（5）将自产小客车2辆，转作自用，生产成本5万元，企业按生产成本计算了视同销售的增值税。

（6）当月购入零部件可抵扣进项税13万元，购进汽油可抵扣进项税0.8万元，购入修理用工具取得增值税专用发票上注明税金0.4万元。

要求：计算应纳消费税和增值税（小客车消费税税率为5%，消费税组价的成本利润率为5%）。

第五章

营业税

学习指导

这一章的重点是营业税的征税范围和计税依据；其次是扣缴义务人、减税免税，以及纳税期限和纳税地点的规定。

在第一节中，确定征税范围是个重点。营业税按行业设置税目，虽然应税劳务只列举了七个行业，但每个行业里又都包括了许多部门和行业，比如，交通运输业里有陆运、水运、空运等许多部门；服务业所包含的行业和部门就更多了。每个行业和部门提供劳务的形式又是多种多样的，比如邮政提供的劳务，包括传递函件或包件、邮汇、报刊发行、邮务物品销售、邮政储蓄、信箱租赁、邮件或包裹逾期保管、函件或汇兑或包裹存局候领、代发广告等等。由此可见，营业税的征税范围不仅广泛，而且内容相当复杂。为了正确理解和掌握营业税的征税范围，需把握好以下三点：

1. 应税行为的含义及其内容。营业税的应税行为是指在我国境内提供应税劳务、转让无形资产或销售不动产的行为，而这种提供又必须是有偿的。可见，确定应税行为是否成立，关键是认定应税行为是否属于有偿或视同有偿。同时，对于转让无形资产、销售不动产，还必须认定其是否转让了无形资产的所有权或使用权、不动产的所有权（包括不动产的有限产权或永久使用权）。

2. 境内、境外行为的划分。营业税的征收仅限于我国境内。对应税劳务强调的是劳务“发生在境内”。一项劳务一般包括劳务的提供和劳务的使用两个方面。对在境内载运旅客或货物出境、在境内组织游客出境旅游，强调的是“出境”。如果相反，是从境外载运旅客或货物入境、组织游客入境旅游，就不属于营业税的征税范围。转让无形资产强调的是接受单位或者个人在境内，而不论其在何处转让，也不论转让人或受让人是谁。销售不动产强调不动产在境内，而不论是否由境内或境外单位、个人开发，及是否在境内或境外销售。对境外保险机构仍采取属地原则，只就其以境内的物品为标的提供的保险劳务征税。对境内保险机构则采取属人原则，除出口货物险、出口信用险外的保险劳务，无论其收入来自何地、都要征收营业税。根据上述两点可见，一项行为是否属于营业税的征税范围，须同时符合三个条件：(1) 符合营业税税目税率表规定的范畴；(2) 符合“境内”的界定；(3) 符合有偿或视同有偿的行为。

3. 由于营业税和增值税相并立，因此，要注意与增值税征税范围的划分。主要是正确确定混合销售和兼营行为。对此教材已讲得比较详细。

第二节是重点，其计税依据教材归纳为五种情况。其中，应注意的是：

1. 全额计税是基本的。凡是没有另作特殊规定的，都应按营业额（包括价外费用）全额计税。由于行业不同，其应并入营业额计税的价外费用的具体内容与增值税和消费税不尽相同。

2. 本节重点应掌握按差额计税和按包括一部分货物价款的营业额计税的各种情况及其计税方法，同时，应掌握由税务机关核定营业额的适用范围和营业额的核定办法。

第三节，需注意其纳税期限、地点与增值税和消费税的不同点。关于营业税税额的核算，如表5－1所示。

表5—1

会计事项	会计分录	
	借方	贷方
一、企业提供应税劳务计提营业税	营业税金及附加	应交税费——应交营业税
缴纳营业税	应交税费——应交营业税	银行存款等
二、代扣代缴营业税	应付账款等	应交税费——应交营业税
1. 金融企业接受其他企业委托发放贷款	应交税费——应交营业税	银行存款等
收到贷款利息	银行存款等	应付账款——应付委托贷款利息
代扣营业税	应付账款——应付委托贷款利息	应交税费——应交营业税
代缴营业税	应交税费——应交营业税	银行存款等
2. 建筑安装企业分包、转包代扣代缴营业税		
代扣营业税	应付账款	应交税费——应交营业税
代缴营业税	应交税费——应交营业税	银行存款等
三、企业销售不动产缴纳营业税	固定资产清理 应交税费——应交营业税	应交税费——应交营业税 银行存款等
四、企业转让无形资产缴纳营业税	其他业务支出 应交税费——应交营业税	应交税费——应交营业税 银行存款等

思考与练习

一、基本概念

1. 营业税

2. 无形资产

3. 不动产

4. 营业额

二、思考与讨论

1. 界定营业税的征税范围须掌握哪些原则？“境内”又主要按什么原则界定？

2. 为什么要规定营业税的扣缴义务人？

三、练习

（一）判断题

1. 纳税人经营营业税应税劳务并销售货物，其取得的应税劳务营业额与货物销售额一并计征营业税。（　　）

2. 金融机构把单位或个人的存款借贷给他人使用，以贷款利息减去存款利息后的余额为营业额计税。（　　）

3. 委托金融机构发放贷款，以委托发放贷款的金融机构为扣缴义务人。（　　）

4. 单位或个人进行演出，以全部票价收入或包场收入为营业额，计征营业税。（　　）

5. 甲方提供资金，乙方提供土地使用权，合作建两幢房，双方各分得一幢。在此行为中，甲方应按“销售不动产”征税，乙方按“转让无形资产”征税。（　　）

6. 某建筑企业承接某项工程，因未能按工程合同约定的进度完成，被建设单位按合同约定的条款予以罚款，并据以抵减了应支付的工程结算款，则该建筑企业可按抵减罚款后实收的工程结算款计征营业税。（　　）

7. 以不动产投资入股后，转让该项股权，按“销售不动产”税目征收营业税。（　　）

8. 出租汽车公司为了转变经营机制，将汽车租赁或承包给公司员工，按月收取一定数额的租赁费或承包费，这种行为的纳税人仍为出租汽车公司。（　　）

9. 从事货物销售的单位和个人，发生销售货物并负责运输所售货物的行为，取得的货物销售额和运输营业额一并计征营业税。（　　）

10. 某行政机关将闲置的房屋出租给他人使用，该行政机关也是营业税纳税人，应就取得的租金收入计征营业税。（　　）

11. 房地产公司预售商品房，以收到预收定金的当天为纳税义务发生时间，按规定的纳税期限计算缴纳营业税。（　　）

12. 单位将不动产无偿赠送他人，不属于销售不动产，不征营业税。（　　）

13. 建筑公司从事建筑工程作业，其计算营业税的营业额包括工程所用原材料及其他物资和动力的价款。（　　）

14. 营业税纳税人兼有不同税目应税行为的，应分别核算不同税目的营业额，未分别核算的，从高适用税率。（　　）

（二）单项选择题

1. 某金融企业从事债券买卖业务，8 月份购入 A 债券，购入价 50 万元；B 债券，购入价 80 万元，共支付相关费用和税金 1.3 万元；当月又将债券卖出，A 债券售出价 55 万元，B 债券售出价 78 万元，共支付相关费用和税金 1.33 万元。该金融企业当月应纳营业税为（　　）。

A. 1 185 元　　B. 1 500 元

C. 2 500 元　　D. 64 000 元

2. 下列项目中，准予从营业税计税营业额中减除的是（　　）。

A. 电信单位销售有价电话卡的销售折扣折让

B. 广告公司支付的灯箱广告制作费

C. 贷款业务的利息支出

D. 娱乐业收取的烟酒饮料费

3. 下列各项收入中，可以免征营业税的是（　　）。

A. 电影院取得的放映收入

B. 个人出租自有住房取得的租金收入

C. 医院、诊所和其他医疗机构提供的医疗服务

D. 高等学校利用学生公寓为社会服务取得的收入

4. 某运输公司当月联运业务收入为300万元，联运业务支出为50万元，则该运输公司当月应纳营业税额为（　　）。

A. 9万元　　B. 1.5万元

C. 7.5万元　　D. 10.5万元

5. 下列行为中，不应缴纳营业税的是（　　）。

A. 转让在境内使用的无形资产

B. 我国境内外资金融机构从事离岸银行业务

C. 电讯部门销售的电话机

D. 中国人民保险公司办理的出口信用保险业务

6. 下列收入中，应免征营业税的是（　　）。

A. 展览馆举办文化活动的门票收入　　B. 寺庙出售的纪念品收入

C. 公园小景点的门票收入　　D. 电视台的广告收入

7. 下列关于扣缴义务人的说法错误的是（　　）。

A. 委托金融机构发放贷款，以受托发放贷款的金融机构为扣缴义务人

B. 境外单位在境内转让专利，境内没有经营机构但有代理人，应以购买者而不以代理者为扣缴义务人

C. 建筑安装业分包或转包的，以总承包人为扣缴义务人

D. 个人转让专利权的，其应纳税款以受让者为扣缴义务人

8. 营业税的纳税人，是在中华人民共和国境内提供劳务、转让无形资产或者销售不动产的（　　）。

A. 单位或个人　　B. 企业

C. 法人　　D. 机关团体

9. 个人进行演出，其演出经纪人也为个人的，其办理演出业务的应纳税款以（　　）为扣缴义务人。

A. 演员本人　　B. 演出经纪人

C. 演出批准机关　　D. 售票者

10. 下列各项中，符合营业税纳税地点规定的是（　　）。

A. 纳税人转让土地使用权，应当向其机构所在地主管税务机关申报纳税

B. 纳税人从事运输业务的，应当向劳务发生地的主管税务机关申报纳税

C. 纳税人出租不动产，应当向不动产所在地的主管税务机关申报纳税

D. 纳税人出租机器设备，应当向其机器设备使用地的主管税务机关申报纳税

（三）多项选择题

1. 下列各项中，属于营业税扣缴义务人的有(　　)。

A. 向境外联运企业支付运费的国内运输企业

B. 境外单位在境内发生应税行为而境内未设机构的，其代理人或购买者

C. 个人转让专利权的受让人

D. 分保险业务的初保人

2. 下列属于营业税应税劳务的有(　　)。

A. 从事建筑安装工程作业　　B. 从事加工修理业务

C. 从事运输业务　　D. 从事商品零售业务

3. 在难以确定纳税人的情况下，境外个人在境内发生应税行为而在境内未设机构的，其应纳税款的扣缴义务人可以是(　　)。

A. 代理人　　B. 受让者

C. 出入境管理机构　　D. 购买者

4. 下列各项中，适用5%税率征收营业税的有(　　)。

A. 索道取得的收入　　B. 融资租赁取得的收入

C. 公园的门票收入　　D. 足球比赛的门票收入

5. 金融机构从事(　　)业务，以卖出价减去买入价后的余额为营业额。

A. 外汇买卖　　B. 金融期货买卖

C. 有价证券买卖　　D. 商品期货买卖

6. 下列项目中，以收取营业款或取得索取营业款凭证当天为营业税纳税义务发生时间的有(　　)。

A. 扣缴义务人发生扣缴义务　　B. 将不动产赠予他人

C. 以预收款方式销售不动产　　D. 提供应税劳务

7. 某饭店服务设施齐全，经营范围包括住宿、餐饮、健身、歌舞厅、代办机票火车票、电子商务、电话电讯服务等，其应纳营业税涉及的税目是(　　)。

A. 邮电通讯业　　B. 服务业

C. 文化体育业　　D. 娱乐业

8. 下列项目免征营业税的有(　　)。

A. 幼儿园提供的育养服务

B. 社会福利企业提供的劳务

C. 学生勤工俭学提供的劳务

D. 医院、诊所和其他医疗机构提供的医疗服务

9. 下列情况应代扣代缴营业税的有(　　)。

A. 委托金融机构发放贷款

B. 境外单位在境内发生应税行为，境内无代理人

C. 建筑业分包转包的

D. 旅行社代收的住宿费、景点门票收入

10. 下列行为中应一并征营业税的有(　　)。

A. 商场销售货物负责运输并统一核算

B. 建筑企业承包某工程并销售材料给该工程

C. 影院销售的饮料

D. 音乐茶座销售点心等小吃

（四）计算题

1. 某汽车运输公司，某月货运收入为20万元；托运装卸收入3万元；代政府有关部门收取建设基金1万元。另取得货物堆存收入5 000元。计算该公司本月份应纳营业税。

2. 某汽车运输公司某月取得客运收入30万元；并承接一项国内联营货运业务，全程运费10万元，途中改由某船运公司和其他汽运公司运抵目的地，分别支付给两个公司运费5万元和1万元及装卸费5 000元。计算应纳营业税额。

3. 某建筑公司承包一项建筑工程，工程总承包额400万元，该公司将其中的水电安装工程转包给某安装公司，支付价款50万元。计算应纳营业税额。

4. 某保险公司某月业务如下：（1）为某舰队演习提供保险，全部收入200万元，该公司以分保险形式支付给另一家保险公司保费80万元。（2）办理其他应税险种保费收入50万元，其中在机动车辆保险业务中，当月支付投保人无赔款奖励共5万元。计算营业税额。

5. 某建筑公司承包一项建筑工程，取得工程结算收入1 000万元，其中包括建设单位自备工程用材料40万元。在结算时，另收到优质工程奖50万元，计算建筑公司应纳营业税。

6. 某房地产开发公司自建商品房出售，该商品房造价500万元。建成后出售，取得销售收入650万元。当地规定建筑成本利润率20%，计算公司应纳营业税。

7. 甲建筑公司以16 000万元的总承包额中标为某房地产开发公司承建一幢写字楼，之后甲建筑公司又将该写字楼工程的装饰工程以7 000万元分包给乙建筑公司。工程完工后，房地产开发公司用其自有的市值4 000万元的两幢普通住宅楼抵顶了应付给甲建筑公司的部分工程劳务费。请分别计算有关各方应缴纳和应扣缴的营业税税款。

8. 某市商业银行本年第三季度有关业务资料如下：

（1）向生产企业贷款取得利息收入600万元，逾期贷款的罚息收入8万元；

（2）为电信部门代收电话费取得手续费收入14万元；

（3）4月10日购进有价证券800万元，6月25日以860万元的价格卖出；

（4）受某公司委托发放贷款，金额5 000万元，贷款期限2个月，年利息率4.8%，银行按贷款利息收入的10%收取手续费；

（5）上年7月1日向商场定期贷款1 500万元，贷款期限1年，年利息率5.4%。该贷款至本年9月30日仍未收回，商场也未向银行支付利息；

（6）销售支票、账单凭证收入15万元；

（7）结算罚息、加息2万元，出纳长款0.5万元。

要求：

（1）计算该银行本年第三季度应缴纳金融业各项目的营业税。

（2）计算该银行本年第三季度应代扣代缴的营业税。

9. 某市一娱乐公司1月1日开业，经营范围包括娱乐、餐饮及其他服务，当年收入情况如下：

（1）门票收入220万元，歌舞厅收入400万元，游戏厅收入100万元；

（2）保龄球馆自7月1日开馆，至当年年底取得收入120万元；

（3）美容美发、中医按摩收入150万元；

（4）非独立核算的小卖部销售收入60万元；

（5）餐饮收入600万元（其中包括销售自制的180吨啤酒所取得的收入）；

（6）与某公司签订租赁协议，将部分空闲的歌舞厅出租，分别取得租金76万元、赔偿金4万元；

（7）派出5名员工赴国外提供中医按摩服务取得收入70万元；

（8）经批准从事代销福利彩票业务取得手续费10万元。

（注：除税法统一规定的特殊项目外，该公司所在地的省政府规定，其他娱乐业项目的营业税税率为5%。）

要求：计算娱乐业公司当年应缴纳的营业税。

10. 某广告公司4月份发生以下业务：

（1）取得广告业务收入为94万元，营业成本为90万元，支付给某电视台的广告发布费为25万元，支付给某报社的广告发布费为18万元。经主管税务机关审核，认为其广告收费明显偏低，且无正当理由，又无同类广告可比价格，于是决定重新审核其计税价格（核定的成本利润率为16%）。

（2）当月以价值100万元不动产、30万元的无形资产投资入股某企业。

（3）参与主办一次服装表演，取得收入10万元。

（4）转让广告案例的编辑、制作权取得收入10万元。

要求：计算该广告公司当月应纳营业税税额。

11. 某城市远洋运输企业，发生以下经营业务：

（1）承担远洋运输业务，取得运输收入 8 600 万元、装卸搬运收入 200 万元。

（2）将配备有 20 名操作人员的 6 号船舶出租给甲公司使用 8 个月（3 月 1 日～10 月 31 日），取得租金收入 240 万元，出租期间由远洋运输企业支付操作人员工资和维修费用。

（3）将 8 号船舶自本年 1 月 1 日至 12 月 31 日出租给乙公司使用 1 年，不配备操作人员，也不承担运输过程中发生的各种费用，固定收取月租金收入 160 万元。

要求：计算该运输企业应纳营业税税额。

12. 某县城一俱乐部 6 月份营业状况如下：

（1）电影、录像售票收入 38.5 万元；

（2）健身房收入 8.74 万元；

（3）邀请某交响乐团在剧场演出，票房收入 2.5 万元，付给该团演出费 1.8 万元；

（4）游艺场经营收入 11 万元；

（5）餐厅收入 5.6 万元；

（6）卡拉 OK 歌舞厅门票收入 7 000 元，点唱收入 6 000 元，台位收入 3 800 元，饮料、食品收入 2 万元。

要求：计算该俱乐部应纳和应扣缴营业税。

13. 某公司下设的各业务部门9月份发生以下业务：

（1）开发部自建楼房一栋竣工，建筑安装总成本4 000万元；将其40%售给另一单位，其余自用，总售价7 000万元，本月预收5 000万元。

（2）非独立核算酒楼取得营业收入300万元，其中卡拉OK包间单独核算的自娱自乐的餐饮娱乐收入40万元，另有30万元为本公司划账结算的餐费。

（3）广告部有广告业经营许可证，当月收取广告业务收入200万元，支付给某电视台的广告发布费40万元，支付给加工厂灯箱广告制作费50万元。

（4）下设非独立核算汽车队当月运营收入60万元，又将2辆小轿车租给外单位使用，取得租金1万元。

要求：计算该公司当月应纳营业税（当地税务机关确定的成本利润率为10%）。

14. 某保险公司取得如下收入：

（1）取得财产保险收入180万元（给予保户无赔款优待40万元，已冲销保费收入）；

（2）返还性人身保险业务收入150万元；

（3）储金业务收入20万元，月初储金余额5 000万元，月末储金余额7 000万元。（中国人民银行公布的1年期存款利率为2%）

要求：计算该公司应纳营业税。

15. 某商业银行第三季度发生以下经营业务：

（1）代发行国债手续费收入23万元，受托发放贷款200万元（期限1年），贷款利率4%，已收到手续费收入1万元；

（2）吸收存款600万元，支付存款利息10万元，自有资金发放贷款1 000万元，取得贷款利息100万元，另有逾期100天的应收未收利息10万元；

（3）办理结算业务手续费收入20万元；

（4）销售支票、账单凭证收入15万元；

（5）结算罚息、加息2万元，出纳长款0.5万元。

请计算该银行本期应纳营业税和应代扣代缴营业税。

16. 某单位下设修缮队、饭店、招待所三个单位。各自独立核算、独立纳税。2009 年修缮队取得收入 98 万元。为饭店翻修应收 15 万元，用其中的 5 万元收入冲减了修缮队在饭店的用餐费用，实际饭店向修缮队支付了 10 万元修缮费。招待所收取的客房收入 68 万元，代客人订票收取手续费 500 元，招待所为招揽生意对住所客人给予了饭费补贴 1.2 万元，从客房收入中列支，付给了饭店。饭店收到后冲减了费用。

要求：计算修缮队、饭店、招待所三个单位各自应缴纳的营业税。

17. 某歌舞团与演出公司签订协议，由演出公司承办一场大型演出，地点选择在市区某体育馆，三方商定：（1）支付体育馆场租 8 万元，由体育馆负责售票；（2）歌舞团支付演出公司经纪费 10 万元；（3）门票收入共 50 万元，歌舞团支付广告支出 10 万元。

要求：计算该活动三方应纳的营业税。

第六章

关税

学习指导

关税是贯彻对外开放政策的一个重要手段，在世界贸易组织的框架下合理地制定关税政策对保护和促进国民经济发展，维护国家权益有着重要的意义。

第一节中，重点是掌握关税的含义和特点，了解进出口关税制度，其中应注意：

1. 征税对象和纳税人。关税的征税对象是进出国境或关境的货物和物品。属于外贸进出口的称为货物；属于出入境旅客、运输工具服务人员携带的、个人邮递、以及用其他方式进口个人自用的称为物品。关税的纳税人为进出口货物的收发货人或者他们的代理人。

2. 进出口关税税则、税率。现行关税税则，对进口货物按照不同的原产地设置有最惠国税率、协定税率、特惠税率、普通税率、关税配额税率等税率以及暂定税率。出口税率则不作产地的区分也不对销售的地区进行税收上的区别对待。由于税号众多，确定货物的类别归属是关税申报的重要内容。

3. 完税价格。完税价格有两层含义：

（1）确定完税价格时，必须以进出口货物交易中实际成交价格为基础，要求明确完税价格所包含的内容。

（2）纳税人向海关申报的货物进出口价格，须经海关审核并被接受的申报价格，才能成为完税价。一般有进口货物完税价、出口货物完税价和海关估价三种。

第二节中，主要掌握关税税额的计算方法和关税的纳税地点和期限，税款的缓纳，加收滞纳金，多缴税款的退还，税款的补征和追征。其中，货物分类和税率的确定需要参照海关税则的详细规定，由于税目过多，这些规定是不可能在教材中反映的。

第三节中，主要了解行邮物品进口税的征税范围、计税方法，主要的税收优惠及申报缴纳方法。其中，关于计税价格需要注意的是：税法规定的计税价格并不是商品的购买价格，而是完税价格表统一规定的价格。

第四节中，了解船舶吨税的含义和适用范围及基本的计算方法。了解它是由海关征收的一种具有使用性质的税收。注意30天和90天两种期限。

学习本章需要特别注意的是：由于国际贸易风云变幻，国家为维护本国利益会及时针对实际情况对税率作出调整，学习过程中应密切关注海关总署网站的有关政策公告，及时了解政策变化。

思考与练习

一、基本概念

1. 关税

2. 关境

3. 关税税则

4. 滑准税

5. 物品

6. 船舶吨税

二、思考与讨论

1. 关税有何特点?

2. 关税有哪些作用?

3. 简述国境和关境的区别和联系。

三、练习

(一) 判断题

1. 从我国境外采购的原产于我国的产品，可以不再缴纳进口关税。 ( )

2. 按照“奖出限入“的原则，对出口货物一律免征出口关税。 ( )

3. 进口货物大多采用累进税率，从价计征。 ( )

4. 关税纳税人应当自海关填发税款缴款书之日起 7 日内向指定银行缴纳税款。 ( )

5. 关税的滞纳金比例是千分之五。 ( )

6. 已征出口关税的货物，因故未装运出口申报退关，纳税人可自缴纳税款之日起一年内申请退还已纳关税。 ( )

7. 如果一个国家的国境内设有免征关税的自由港或自由贸易区，这时关境小于国境。 ( )

8. 根据《进出口关税条例》规定，因纳税人违反海关有关规定造成少缴或漏缴的关税，

海关可以在 1 年内追征。（ ）

9. 我国对少数进口商品计征关税时所采用的滑准税实质上是一种特殊的从价税。（ ）

（二）单项选择题

1. 下列不属于关税纳税人的有（ ）。

A. 经营进出口货物的收、发货人　　B. 进口个人邮件的发件人

C. 携带行李物品进境的外国游客　　D. 各种运输工具上携带物品的服务人员

2. 进出口货物完税后，如果发生少征或漏征税款，并不是纳税人违反海关法造成的，海关应当自缴纳税款或放行之日起（ ）内，向发货人补征。

A. 半年　　B. 1 年

C. 2 年　　D. 3 年

3. 下列费用中，应并入进口货物完税价格的是（ ）。

A. 进口人向境外采购代理人支付的佣金

B. 卖方支付给买方的正常价格回扣

C. 设施设备等货物进口后发生的基建、安装、调试、技术指导等费用

D. 货物成交过程中，进口人向卖方支付的佣金

4. 出口货物成交价格中，含有支付给国外的佣金，如未单独列明的，在完税价格中（ ）。

A. 应予扣除　　B. 不予扣除

C. 部分扣除　　D. 估价扣除

5. 关税纳税义务人因不可抗力或者在国家税收政策调整的情形下，不能按期缴纳税款的，经海关总署批准，可以延期缴纳税款，但最多不得超过（ ）。

A. 3 个月　　B. 6 个月

C. 9 个月　　D. 12 个月

6. 在税则的同一税目中，订有从价和从量两种税率，征税时既采用从量又采用从价两种办法计征税款的，被称为（ ）。

A. 滑准税　　B. 复合税

C. 选择税　　D. 附加税

7. 关税的征税对象是指（ ）。

A. 仅指准许进出境的货物　　B. 仅指准许进出境的物品

C. 准许进出境的货物和物品　　D. 有形动产

8. 适用原产于与我国共同适用最惠国待遇条款的 WTO 成员国或地区的进口货物，或原产于与我国签订有相互给予最惠国待遇条款的双边贸易协定的国家或地区进口的货物，以及原产于我国境内的进口货物，对其采用的税率被称为（ ）。

A. 最惠国税率　　B. 协定税率

C. 特惠税率　　D. 普通税率

9. 某企业进口一批生产用原材料，其交纳的关税应（ ）。

A. 计入进口货物的成本

B. 计入“营业税金及附加”账户的借方

C. 计入“应交税费”账户的借方，待加工完成时再行抵扣

D. 计入“管理费用”账户的借方

10. 下列货物中免征关税的有（ ）。

A. 海关放行后损失的货物

B. 外国政府、国际组织无偿赠送的物资

C. 进口的摩托车

D. 关税税额在人民币 500 元以下的一票货物

（三）多项选择题

1. 船舶吨税的征税范围包括（ ）。

A. 在我国港口行驶的外国籍船舶　　B. 外商租用的中国籍船舶

C. 我国租用航行国外的外国籍船舶　　D. 中外合营海运企业所使用的船舶

E. 经营国际运输又兼营国内运输的中国籍船舶

2. 目前，我国关税税率的形式包括（ ）。

A. 从价关税　　B. 从量关税

C. 复合关税　　D. 滑准关税

3. 行邮物品进口税的征收范围包括（ ）。

A. 入境旅客携带的应税行李物品

B. 个人邮递进口的应税自用物品

C. 准许别人托带进口的应税自用物品

D. 国际运输工具服务人员携带进口的应税自用物品

E. 个人偷渡携入的物品

4. 下列项目中，属于应纳关税的项目有（ ）。

A. 运往境外加工或修理，复运进境的货物　　B. 租借方式进境的货物

C. 出口劳务　　D. 进口的个人邮递物品

5. 下列进口货物，海关可以酌情减免关税的有（ ）。

A. 在境外运输途中或者起卸时，遭受损坏或者损失的货物

B. 起卸后海关放行前，因不可抗力遭受损坏或者损失的货物

C. 海关查验时已经破漏、损坏或者腐烂，经查为保管不慎的货物

D. 因不可抗力，缴税确有困难的纳税人进口的货物

6. 下列各项中，属于关税法定纳税义务人的有（ ）。

A. 进口货物的收货人　　B. 出口货物的发货人

C. 进境物品的所有人　　D. 进口货物的发货人

7. 我国特别关税的种类包括（ ）。

A. 报复性关税　　B. 保障性关税

C. 进口附加税　　D. 反倾销税与反补贴税

8. 关税的特点有（ ）。

A. 以进出国境或关境的货物和物品为征税对象

B. 以货物和物品进出统一的国境或关境为征税环节

C. 由海关代表国家征收

D. 关税税率形式单一，仅采用比例税率

9. 根据《中华人民共和国进出口关税条例》，自 2004 年 1 月 1 日 起，我国进口税则设有(　　　)。

A. 最惠国税率　　　　B. 协定税率

C. 特惠税率　　　　D. 普通税率

E. 关税配额税率

10. 对于进口货物的成交价格不符合规定条件的，或者成交价格不能确定的，在客观上无法采用货物的实际成交价格的，海关经了解有关情况，经与纳税义务人进行价格磋商后，可以依次以下列价格估定该货物的完税价格(　　　)。

A. 相同货物的成交价格估定　　　　B. 采用类似货物的成交价格估定

C. 最大销售总量方法　　　　D. 计算估价方法

E. 合理估价方法

（四）计算题

1. 某进出口公司从 A 国进口货物一批，成交价（离岸价）折合人民币 9 000 万元（包括单独计价并经海关审查属实的货物进口后装配调试费用 60 万元，向境外采购代理人支付的买方佣金 50 万元）。另支付运费 180 万元，保险费 90 万元。货物运抵我国口岸后，该公司在未经批准缓税的情况下，于海关填发税款缴款书的次日起第 20 天才缴纳税款。假设该货物适用的关税税率为 100%。

要求：计算该公司应缴纳的关税和关税滞纳金。

2. 某外贸企业向国外自营出口一批货物，其贸易的结汇价总计为 3 600 万元人民币，出口关税税率为 20%。

要求：计算该企业应纳出口关税。

3. 某美籍华侨回国探亲随身携带应税录像机一台，高级照相机两架，经海关审定摄像机每台完税价格7 500元，照相机每架完税价格2 000元，关税税率为20%。

要求：计算该华侨应纳进口关税。

4. 某公司进口1台日本产录像机，完税价格为3 000美元，外汇牌价为1美元 = 7.9人民币元，从量税为每台4 374元，从价税为3%。

要求：计算应纳进口关税税额。

第七章

企业所得税

学习指导

本章和第八章是以“人”为对象，就其取得的所得征收的一类税。“人”有自然人和法人之分，所以所得税也分为对自然人征收的个人所得税和对法人征收的企业所得税。在我国，企业是指依法成立以营利为目的的经济组织，它包括企业法人，也包括非企业法人。学习中既要掌握两个所得税的共性，又要注意它们各自的不同点。比如所得税是对纳税人的净所得征收的，因此先要从纳税人（包括企业和个人）的所得中扣除有关的成本、费用、损失等，得出应纳税所得额作为计税依据，然后才能计算其应纳税额。其中按照税法规定哪些成本、费用可以扣除，哪些不允许扣除，以及允许扣除的范围和标准，就成为一项重要内容。又比如，所得税是对人税，因此先要掌握纳税人。纳税人又因税收管辖权的不同分为居民纳税人（企业）和非居民纳税人（企业）两类。而企业和个人的划分标准是不同的，企业以其注册地或实际管理机构所在地为标准；个人以住所或居住时间为标准。再如，前面学过的对商品劳务的课税，只限于发生在我国境内商品劳务课税。而对所得的课税，则强调来源于我国境内、外的所得课税，这是由于大多数国家（包括我国）都同时行使两种税收管辖权，这样就会产生国际重复征税，为消除其消极影响，就有了境外已纳税款扣除抵免的规定。需要注意的是我国的企业所得税实行的是综合所得税制，个人所得税实行的是分类所得税制，因此两者在计税方法、税率、费用扣除以及税款的申报缴纳和境外已纳税款的扣除抵免等方面有所区别。两个所得税是全书的重点之一。

本章第一节中应把握的要点有：

1. 关于纳税人要明确两点：（1）企业所得税的纳税人并不是包括所有的企业（如个人独资企业和个人合伙企业等），又不限于企业（如有应税所得的事业单位、社会团体等组织）；（2）纳税人分为居民企业和非居民企业，居民企业和非居民企业的划分及其纳税义务确定如图 7-1 所示。

依中国法律法规或外国法律法规，在境内或境外成立，注册地或实际管理机构所在地在境内的具备其一即可判定为居民纳税人。

注意：中国香港、澳门和台湾地区企业，参照适用税法居民企业、非居民企业的判定标准。

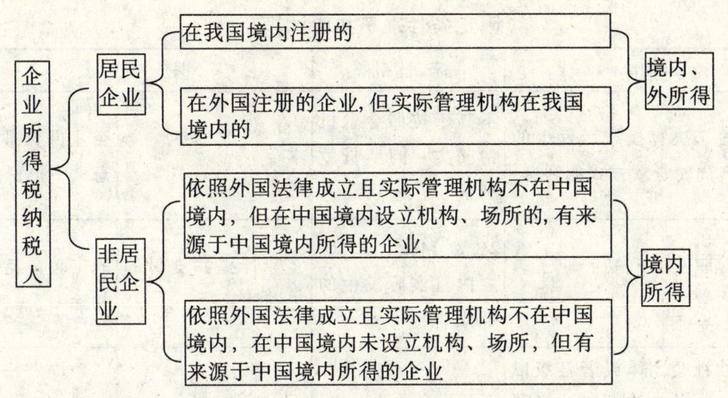

图 7－1

2. 征税对象和征税范围，征税对象可以用一句话概括：是纳税人来源于中国境内、境外的生产、经营所得和其他应税所得。

征税范围为居民企业的所得是包括境内外的全部所得，而非居民企业的所得仅包括境内所得或与境内机构、场所有实际联系的所得，如上图。

需要注意如何确认来源于中国境内、境外的所得。

3. 税率。法定税率为25%，适用居民企业和境内有机构、场所的非居民企业。预提所得税税率为20%，减按10%征收，适用境内无机构、场所而有来源于境内所得的非居民企业。

4. 减免优惠，以产业倾斜为主、地区倾斜为辅，产业政策与地区政策相结合；税收优惠的形式有减计收入、加速折旧、加计扣除、降低税率、税额减免和税收抵免等多种方式。

第二节是重点节，内容也比较多。主要应达到以下要求：

1. 掌握应纳税所得额（简称计税所得）的概念，及其与会计利润的区别。

2. 了解纳税年度及特殊规定。

3. 掌握收入总额的概念及其具体内容。主要是区分征税收入、不征税收入和免税收入。

注意：非货币性资产交换，以及将货物、财产、劳务用于捐赠、偿债、赞助、集资、广告、样品、职工福利或者利润分配等用途的，应当视同销售货物、转让财产或者提供劳务。企业的内部处理行为，如将货物或者劳务用于在建工程、管理部门、非生产性部门，所得税上不视同销售作收入处理。

4. 正确确定准予扣除项目金额。首先要明确扣除项目应遵循的原则，它是确定扣除项目范围和标准的总的指导思想。其次教材中将它归纳为四个方面：（1）先明确准予扣除的是与纳税人取得收入有关的成本、费用、税金和损失；（2）即使有关的成本、费用、税金和损失，在计税时还要按照税收规定的条件和标准调整，对超过规定范围和标准的部分予以剔除；（3）采取反列举法规定不得扣除的项目；（4）规定资产的税务处理，明确不得作为一次性扣除的资本性支出的分次扣除办法。

建议在学习限定条件准予扣除的项目时，列表分析填列掌握相关内容，见表 7－1。

表 7－1　　限定条件准予扣除的项目

项　目	范　围	标　准	依　据	备　注
借款费用	固定资产竣工决算投产后发生的利息和生产周转贷款方式的利息	不高于按照金融机构同类、同期贷款利率	本金	企业内营业机构之间支付的利息，不得税前扣除。
三项经费	工会经费、职工福利费、职工教育经费	2%、14%、2.5%之内且实际发生的部分	实际计提并支付的工资总额	职工教育经费超标部分可以结转扣除
公益性捐赠支出	通过公益性社会团体或者县级以上人民政府及其部门，用于《公益事业捐赠法》规定的公益事业的捐赠	12%	年度利润总额	
业务招待费	与其经营业务直接相关、有合法凭证且能举证的业务招待费	60% 5‰	业务招待费实际发生额、年销售（营业）收入净额	按属性确定扣除额
固定资产租赁	经营租入固定资产	均匀据实扣除	租赁费受益时间	以融资租赁方式租入固定资产发生的租赁费支出不得直接扣除，但可提取折旧费用，分期扣除
广告费及业务宣传费	符合条件的广告费和业务宣传费	15%、30%等	销售（营业）收入	超标部分可以结转扣除
…	…	…	…	

5. 亏损弥补，注意三点：(1) 这里的亏损指的是企业依照企业所得税法和暂行条例的规定，将每一纳税年度的收入总额减除不征税收入、免税收入和各项扣除后小于零的数额；(2) 弥补期从亏损后的第一年算起，连续计算弥补期限；(3) 先亏先补，按顺序逐年弥补。

6. 资产的税务处理，主要把握不同资产的计税基础，计提摊销或者折旧费用的方法、期限等。

7. 特别纳税调整，主要把握针对纳税人关联企业之间转让定价、弱化资本及避税港避税等情况所进行的税务调整的方法、税务机关可以采取的措施和时限。

第三节是企业所得税的计算，相对比较简单，需要注意的是：

1. 境外已纳税款的扣除，要明确以下内容：(1) 这项规定的适用范围——适用于已在境外实际缴纳所得税款的居民企业和非居民企业在中国境内设立机构、场所，取得发生在中国境外但与该机构、场所有实际联系的应税所得；(2) 计算扣除限额公式的实质是某国扣除限额为境外某国所得按照我国税法规定的税率计算的税额。境内、境外所得按税法计算的应纳税总额和境外应税所得总额，应按法定税率25%计算；(3) 境外实际缴纳税款，低于、等于、高于扣除限额的处理方法。

2. 核定征收应纳所得税的计算，核定征收的范围以及相应的计税方法。

3. 源泉扣缴税款的计算。扣缴义务人与扣缴范围的确定、计算方法和申报缴纳。

第四节是企业所得税的缴纳和会计处理，需注意以下几点：

1. 纳税年度的确定。

2. 税款的缴纳期限和缴纳办法，需了解：(1) 预缴期限和汇算清缴；(2) 无论是盈是亏都要按期申报；(3) 12月份或第四季度的税款也要按规定期限（次年1月15日前）预缴；(4) 三种预缴办法，一经确定其中之一，不能随意改变；(5) 年度多缴和少缴税款的处理；(6) 外币所得的换算；(7) 居民企业在中国境内设立不具有法人资格的营业机构，应当汇总计算并缴纳企业所得税。

3. 纳税地点，基本规定是居民企业以企业登记注册地为纳税地点；但登记注册地在境外的，以实际管理机构所在地为纳税地点；预提所得税以扣缴义务人所在地为纳税地点。

4. 税款的核算，主要点是对所得税的计提和账务处理及其账户之间的结转关系要掌握。

思考与练习

一、基本概念

1. 居民企业

2. 非居民企业

3. 实际管理机构

4. 机构、场所

5. 预提所得税

6. 小型微利企业

7. 免税收入

8. 不征税收入

9. 总机构

10. 应纳税所得额（计税所得）

11. 纳税年度

12. 资本性支出

13. 亏损弥补

14. 关联企业

15. 特别纳税调整

16. 弱化资本

17. 债权性投资

18. 权益性投资

19. 境外已纳税款的扣除限额

20. 扣缴义务人

二、思考与讨论

1. 对企业征收的所得税与对企业的商品劳务课税有什么不同？

2. 应纳税所得额与会计利润有什么联系和区别？

3. 居民企业和非居民企业有什么不同？纳税义务有何不同？

4. 税法确定企业应纳税所得额是如何规定的？

5. 关联企业之间的业务往来应如何处理？为什么？

6. 对境外已纳税款为什么要规定扣除限额？

三、练习

（一）判断题

1. 企业所得税只对居民企业征收。（ ）

2. 纳税人一个纳税年度内的一切生产、经营所得和其他所得，都应计入应纳税所得额。（ ）

3. 企业发生年度亏损的，可以用以后5个盈利年度的利润弥补。（ ）

4. 某居民企业当年应纳税所得额为50万元，但上一年度会计利润表上亏损48万元，则当年应缴纳企业所得税0.5万元。（ ）

5. 在确定企业应纳税所得额时，对企业生产、经营期间，向经中国人民银行批准成立从事金融业务的非银行金融机构的借款利息支出，可据实扣除。（ ）

6. 纳税人来源于境外的所得，在境外实际缴纳的所得税税款，准予在汇总纳税时从其应纳税额中扣除；其在境外发生的亏损也可用境内的利润弥补。（ ）

7. 企业将货物或者劳务用于在建工程、管理部门、非生产性部门，所得税上不视同销售作收入处理。（ ）

8. 准予在企业所得税税前扣除的税金，是企业按规定缴纳的增值税、消费税、营业税、城市维护建设税、资源税、土地增值税及教育费附加以及缴纳的企业所得税。（ ）

9. 年度终了，某企业填报的利润表反映全年利润总额为－17万元，因此，当年不需缴纳企业所得税。（ ）

10. 企业在计算应纳税所得额时，对于根据生产经营需要租入固定资产所支付的租赁费，可以据实从收入总额中一次全额扣除。（ ）

11. 企业所得税规定居民企业适用25%的税率，非居民企业适用20%的预提所得税税率。（ ）

12. 企业在计算应纳税所得额时，其财务、会计处理办法与国家税收规定有抵触时，应依据国家有关税收的规定计算纳税。（ ）

13. 企业以经营租赁方式租入的固定资产应按规定计提折旧；以融资租赁方式租入的固定资产，则不允许计提折旧。（ ）

14. 企业接受其他单位的捐赠物资，应按照公允价值计入应纳税所得额予以计税。（ ）

15. 无形资产的摊销年限一律不得低于10年。（ ）

16. 非金融居民企业纳税人从关联方取得的借款金额超过其注册资本200%的，超过部

分的利息支出，不得在税前扣除。（　）

17. 纳税人研究开发新产品、新技术、新工艺发生的各项费用，可再按其实际发生额的50%，增加当年费用扣除额后，计算其当年应纳税所得额。（　）

18. 对企业作出特别纳税调整的，应当对补征的税款，自税款所属纳税年度的次年1月1日起至补缴税款之日止的期间，按日加收利息。（　）

（二）单项选择题

1. 下列不属于企业所得税纳税人的是（　）。

A. 私营企业　　B. 个人独资企业
C. 国有企业　　D. 股份制企业
E. 外国企业

2. 某企业2008年12月接受捐赠设备一台，收到的增值税专用发票上注明价款10万元，增值税1.7万元，企业另支付运输费用0.8万元，该项受赠资产应交企业所得税为（　）万元。

A. 3.32　　B. 2.93
C. 4.03　　D. 4.29

3. 在国务院批准的高新技术产业开发区内设立的被认定为高新技术企业的，可享受的税率是（　）。

A. 15%　　B. 25%
C. 20%　　D. 10%

4. 纳税人采用分期收款方式销售商品，以（　）作为销售实现的标志。

A. 收到销售款当天　　B. 货物发出当天
C. 取得索取销售款凭据的当天　　D. 合同约定当天

5. 下列不得税前列支的税金是（　）。

A. 增值税　　B. 营业税
C. 资源税　　D. 教育费附加

6. 在计算企业所得税时准予所得税前扣除的项目是（　）。

A. 计入“营业外支出”中的税收滞纳金
B. 固定资产毁损净损失
C. 本月购置并投入使用的固定资产当期计提的折旧额
D. 超过国家规定标准列支的公益救济性捐赠

7. 某企业销售收入3 000万元，若当年业务招待支出30万元，则允许企业所得税前扣除的业务招待费为（　）万元。

A. 12　　B. 18
C. 15　　D. 30

8. 在计算企业所得税时不允许加计扣除费用的项目有（　）。

A. 企业为开发新技术、新产品、新工艺发生的研究开发费
B. 安置残疾人就业所支付的工资
C. 安置其他国家鼓励安置的就业人员所支付的工资
D. 企业综合利用资源发生的费用

9. 纳税人职工福利费、工会经费、职工教育经费分别按实际列支并支付工资总额的(　　)以内据实扣除。

A. 2.5%，2%，14%　　B. 2%，2.5%，14%

C. 14%，2%，2.5%　　D. 2.5%，14%，2%

10. 在计算应纳税所得额时，不允许直接扣除的项目是(　　)。

A. 广告支出　　B. 不超过规定的公益性捐赠

C. 企业财产保险　　D. 固定资产购建过程发生的利息支出

11. 企业所得税应在年度终了后(　　)个月内汇算清缴。

A. 3　　B. 4

C. 5　　D. 1

12. 企业与其关联方之间的业务往来，不符合独立交易原则，或者企业实施其他不具有合理商业目的的安排的，税务机关有权在该业务发生的纳税年度起(　　)年内，进行纳税调整。

A. 3　　B. 5

C. 10　　D. 20

13. 按照企业所得税法和实施条例规定，下列表述中不正确的是(　　)。

A. 发生的与生产经营活动有关的业务招待费，不超过销售(营业)收入5‰的部分准予扣除

B. 发生的职工福利费支出，不超过工资薪金总额14%的部分准予税前扣除

C. 为投资者或者职工支付的补充养老保险费、补充医疗保险费在规定标准内准予扣除

D. 为投资者或者职工支付的商业保险费，不得扣除

14. 居民企业中国境内设立不具有法人资格的营业机构的，应当(　　)计算并缴纳企业所得税。

A. 分别　　B. 汇总

C. 独立　　D. 就地缴纳

(三) 多项选择题

1. 下列属于企业所得税不征税收入的有(　　)。

A. 财政拨款

B. 国债利息收入

C. 依法收取并纳入财政管理的行政事业性收费、政府性基金

D. 符合条件的居民企业之间的股息、红利收入

E. 在中国境内设立机构、场所的非居民企业从居民企业取得与该机构、场所有实际联系的股息、红利收入

2. 下列属于企业所得税免税收入的有(　　)。

A. 财政拨款

B. 国债利息收入

C. 依法收取并纳入财政管理的行政事业性收费、政府性基金

D. 符合条件的居民企业之间的股息、红利收入

E. 在中国境内设立机构、场所的非居民企业从居民企业取得与该机构、场所有实际联系的股息、红利收入

3. 下列应计入企业所得税纳税人收入总额的项目有（　　　）。

A. 罚款收入　　B. 接受赠与收入

C. 销售材料收入　　D. 转让股权收入

E. 国库券利息收入　　F. 财政拨款

4. 纳税人取得的收入，可记入的科目有(　　　)。

A. 主营业务收入　　B. 其他业务收入

C. 营业外收入　　D. 财务费用

E. 投资收益　　F. 固定资产清理

5. 下列可在企业所得税前列支的税费有(　　　)。

A. 增值税　　B. 资源税

C. 土地增值税　　D. 营业税

E. 教育费附加　　F. 企业所得税

6. 在计算企业所得税应纳税所得额时，不得允许税前列支的税金有(　　　)。

A. 房产税　　B. 印花税

C. 耕地占用税　　D. 增值税

E. 车辆购置税　　F. 企业所得税

7. 计算企业所得税应纳税所得额时，不允许扣除的项目有（　　　）。

A. 税收罚款　　B. 税收罚金

C. 经济合同的违约赔款　　D. 有赔偿的意外事故损失

E. 居民企业向主管部门支付的管理费

8. 在计算企业所得税应纳税所得额时，准予从收入总额中扣除的项目有(　　　)。

A. 对外投资支出

B. 未形成资产的无形资产开发支出

C. 转让固定资产发生的费用

D. 以融资租赁方式租入固定资产所支付的租赁费

E. 以经营租赁方式租入固定资产所支付的租赁费

9. 企业在计算企业应纳税所得额时，下列不得从收入总额中扣除的有(　　　)。

A. 依法缴纳的企业所得税

B. 税前依法缴纳的增值税

C. 因未履行合同，而按合同约定支付的违约金

D. 企业按规定提取的存货跌价准备金

E. 逾期借款银行收取的罚款和加收的利息

10. 下列固定资产不得提取折旧的有(　　　)。

A. 闲置房屋及建筑物　　B. 以融资租赁方式租入的固定资产

C. 以经营租赁方式租入的固定资产　　D. 季节性停用的机器设备

E. 已在成本中一次性列支而形成的固定资产

11. 下列有关资产的税务处理正确的有(　　　)。

A. 购入固定资产支付的包装费、运杂费计入固定资产的原值

B. 已提足折旧但仍继续使用的固定资产不计提折旧

C. 固定资产从投入使用月份的次月起计提折旧

D. 企业的固定资产应按直线法计提折旧

E. 企业存货的计价方法一般不得改变

（四）计算题

1. 某企业为居民企业，本年收入总额 2 000 万元（其中包括产品销售收入 1 600 万元，其他业务收入 200 万元，购买国库券利息收入 200 万元），发生各项成本费用（含营业税金及附加）共计 1 000 万元，其中包括：合理的工资薪金总额 200 万元、业务招待费 100 万元，职工福利费 50 万元，职工教育经费 2 万元，工会经费 10 万元，税收滞纳金 10 万元，提取的各项准备金支出 100 万元。假定无以前年度尚未弥补的亏损。

要求：分析计算该企业本年应纳的企业所得税。

2. 某居民企业被税务机关认定为小型微利企业，2008 年税务机关审核企业亏损 110 万元。2009 年有关资料如下：主营业务收入（产品销售）3 000 万元，其他业务收入（出租固定资产）200 万元；产品销售成本 1 900 万元；管理费用 300 万元（其中列支业务招待费 50 万元，新技术研究开发费用 100 万元）；财务费用 200 万元（其中向其他企业借款 500 万元，支付利息 40 万元，同期银行的贷款利率为 5%）；销售费用 500 万元（其中列支广告费 480 万元），营业税金及附加 200 万元。

要求：分析计算 2009 年该企业应缴纳企业所得税。

3. 惠达公司（居民企业）2008 年全年会计利润 500 万元，已预缴企业所得税 125 万元，2009 年税务机关在企业所得税汇算清缴时发现以下问题：该企业产品销售收入为 3 000 万元，其他业务收入 500 万元，本销售费用中列支广告费 600 万元，管理费用中列支业务招待费 50 万元；财务费用列支 400 万元（其中年初向其他企业借款 1 000 万元使

用一年，年利息为5%，同期银行的贷款利率2%）；全年实际列支并发放工资200万元、列支并发放职工福利费30万元、工会经费6万元、职工教育经费10万元；营业外支出列支200万元（其中通过公益组织对外捐赠额为100万元）。计算该企业2008年全年应补缴多少企业所得税？

4. 新华机械制造有限公司（居民企业）2008年应纳税所得额为－50万元。2009年度生产经营情况如表7－2所示。

表7－2　　　　利　润　表

编制单位：新华机械制造有限公司　　　2009年12月　　　单位：万元

项　目	本期金额	上期金额
一、营业收入	9 000	
减：营业成本	4 500	
营业税金及附加	200	
销售费用	2 000	
管理费用	1 200	
财务费用	200	
资产减值损失		
加：公允价值变动收益（损失以“－”号填列）		
投资收益（损失以“－”号填列）	50	
其中：对联营企业和合营企业的投资收益		
二、营业利润（亏损以“－”号填列）	950	
加：营业外收入		
减：营业外支出	800	
其中：非流动资产处置损失		
三、利润总额（亏损总额以“－”号填列）	150	
减：所得税费用	37.5	
四、净利润（净亏损以“－”号填列）	112.5	
五、每股收益		
（一）基本每股收益		
（二）稀释每股收益		

期中销售费用含列支广告费200万元；财务费用含向银行借一年期借款1 000万元，支付利息50万元，向其他企业借一年期借款1 000万元支付利息150万元；“投资收益”为投

资非上市公司的股权投资按权益法确认的投资收益40万元，国债持有期间的利息收入10万元；管理费用列支业务招待费85万元，新产品研究开发费30万元；营业外支出列支了通过省教育厅捐赠给某高校100万元，非广告性赞助支出50万元和存货盘亏损失50万元。另外，全年提取并实际支付工资支出共计900万元，全年列支职工福利性支出130万元，职工教育费支出25万元，拨缴工会经费18万元。

要求：计算该公司2009年应缴纳的企业所得税。

5. 国内某居民企业2009年全年取得销售产品收入为3 000万元；本年销售产品成本900万元；销售费用300万元；管理费用200万元；财务费用300万元；营业外收入300万元，营业外支出列支200万元，国债利息收入50万元；从国外分回税后投资收益160万元（该国适用所得税率为20%）。

要求：计算该企业2009年全年应缴纳多少企业所得税？

6. 某外国企业在中国境内设立一个分公司，该分公司可在中国境内独立开展经营活动，2009年该分公司在中国境内取得营业收入200万元，发生成本费用150万元（其中有20万元不得在税前扣除）。

要求：计算该分公司2009年应在中国缴纳多少企业所得税（假如该分公司不享受税收优惠）？

7. 某外国公司在中国境内设有常驻代表机构，2008 年该外国公司与中国一家企业签订一项技术转让协议，合同约定技术转让费 100 万元，技术转让费所适用的中国营业税税率为 5%。

要求：计算该外国公司应为该笔技术转让费在中国缴纳多少企业所得税？

第八章

个人所得税

学习指导

本章是重点章之一，而且内容较为复杂，其中关于工薪所得的计算更为重要，也更难一点。

第一节讲述个人所得税的含义与内容，要求理解个人所得税的概念，了解我国个人所得税的沿革，征收个人所得税的意义，了解现行个人所得税的特点。重点掌握个人所得税税制的主要内容。

1. 纳税人，需注意两点：

(1) 区分居民纳税人和非居民纳税人。关键是掌握划分标准，住所的含义，居住时间的确定。对于个人，划分居民与非居民有两条并列性标准：一条是在境内有住所。只要有住所，则无论是否在境内居住以及居住时间长短，都是我国的居民。另一条是对在我国境内没有住所的个人，则以其在我国境内的居住时间长短判定是否为我国的居民。

(2) 在我国境内无住所，而在境内居住满 1 年以上 5 年以下的居民，在一个纳税年度中在我国境内连续或累计居住不超过 90 天的个人，在征收上的优惠规定，如表 8-1 所示：

表 8-1

<table>
<tr><th colspan="2" rowspan="3">个人所得来源类型</th><th colspan="2">非居民</th><th colspan="2">居　民</th></tr>
<tr><th colspan="2">1 年以内</th><th rowspan="2">1~5 年</th><th rowspan="2">5 年以上</th></tr>
<tr><th>少于 90 天
（或 183 天）</th><th>多于 90 天
（或 183 天）</th></tr>
<tr><td rowspan="2">境内所得</td><td>境内支付或负担</td><td>征</td><td>征</td><td rowspan="2">征</td><td rowspan="2">征</td></tr>
<tr><td>境外支付或负担</td><td>免</td><td>征</td></tr>
<tr><td rowspan="2">境外所得</td><td>境内支付</td><td colspan="2" rowspan="2">免</td><td>征</td><td rowspan="2">征</td></tr>
<tr><td>境外支付</td><td>免</td></tr>
</table>

2. 征税项目，需认真掌握各征税项目的具体内容，并可结合减免税规定，了解征税项目中的免税项目，以进一步明确征税范围。其中：

(1) 工资、薪金所得，要掌握工薪所得包括的内容。其中全年一次性奖金不分种类和取得情况，一律按工薪所得征税。奖金是具有工资性质的奖金；免税奖金另有规定。津贴、补贴须区分不同情况，对一些不属于工薪性质的补贴、津贴或不属于纳税人本人工薪所得项目的收入，不予征税。

（2）个体工商户的生产、经营所得，包括四项，按本项目征税，而与个体工商户取得的与生产、经营无关的各项应税所得，则需分别适用其他应税项目的有关规定计税。需要特别注意的是：个人独资企业、合伙企业及负有无限责任和无限连带责任的其他个人独资企业、个人合伙性质的机构或组织的投资者，取得的生产经营所得，参照个体工商户的生产经营所得项目征税。

（3）对企事业单位的承包经营、承租经营所得，由于形式较多，分配方式也不尽相同，因此，要注意区别不同情况，按不同的规定计税。承包、承租经营形式大体可分为两类：

一类是，个人承包、承租经营后，工商登记改变为个体工商户的，须按个体工商户生产、经营所得项目征收个人所得税，不再征收企业所得税。

另一类是，个人承包、承租后，工商登记仍为企业的，则不论其分配方式如何，都应先缴纳企业所得税。然后，承包、承租经营者按照合同（协议）规定取得的所得，再依法计征个人所得税。而这又有两种情形：一种是承包、承租人对企业经营成果不拥有所有权，仅是按合同（协议）规定取得一定所得的，其所得按工资、薪金所得项目征税；一种是只向发包方、出租人缴纳一定的费用后，经营成果归承包人个人所有的所得，按本项目征税。此外，外商投资企业采取发包、出租给个人经营的，对经营人从外商投资企业分享的收益和取得的所得也按本项目征税。

（4）劳务报酬所得、稿酬所得、特许权使用费所得、财产租赁所得等这几项各自包括的范围，注意区别工薪所得与劳务报酬。

（5）财产转让所得。暂不包括股票转让所得；对个人以股份形式取得的拥有所有权的企业量化资产，暂缓征税；但一旦转让，须按本项目征税。

（6）偶然所得，是个人在非正常情况下所得到的不确定性收入。

（7）其他所得，由国务院财政部门根据今后情况和需要确定，也是税法对在实践中可能遇到新情况，留下的入口。

3. 所得来源地的认定，是重要内容。对此可联系营业税和涉外企业所得税中的有关规定，其精神是一样的。

4. 计税依据，主要掌握三点：

（1）收入的确定。除现金外对纳税人的实物收入、有价证券收入、外币收入等收入的确定。

（2）各项应税所得的费用扣除。目前采用了三种办法，即定额、定率和会计核算办法。采用定额扣除的有工薪所得，承包、承租经营所得中的个人生计费用扣除；采用会计核算办法扣除的有个体工商户的生产经营所得和财产转让所得；其余应税项目，除三项所得不扣除费用外，其余四项采用定额与定率结合的办法。此外，需了解附加减除费用的适用范围，公益、救济性捐赠扣除规定，以及实行查账征收的个体工商户应纳税所得额的确定（可与企业所得税的相关规定作比较）。

（3）按每次所得计税的应税项目（计有八项）中“次”的规定。其中，特别需要注意劳务报酬所得、稿酬所得、特许权使用费所得、财产租赁所得每次所得的确定。后两项有特殊的扣除规定，分别为中介服务费和修理费，注意限定的条件。

（4）教材中公式实际是对各项所得计税依据的概括，应理解掌握。

5. 税率。（1）要明确三种税率设计的时限范围，是按年、按月，还是按次设计；（2）要明确三种税率各适于哪些应税所得；（3）正确阅读两张超额累进税率表，它们均按扣除费用后的应纳税所得额设计；每一级的最高应纳税所得额均含其本身数额；还有含税和不含税级距；（4）要懂得加成征收的计算，注意理解加成征收转化为三级超额累进税率。

6. 减免税收优惠。结合2、4掌握征免范围，准确的确定计税依据，结合后面第三节税额计算，正确计算税额。

以上是本章的核心内容，计算税额关键是确定计税依据和适用税率，归纳如表8－2所示。

表8－2

征税项目	计税期	减除费用标准	税　　率
工资薪金所得	月	定额减除2 000元或再减附加扣除费用	九级超额累进税率
个体工商户生产、经营所得	年	纳税年度收入总额减除成本费用及损失	五级超额累进税率
对企事业单位的承包、承租经营所得	年	纳税年度收入总额减除必要费用（按月减除2 000元）	五级超额累进税率
劳务报酬所得	次	4 000元以上定率减除20%，4 000元以下定额减除800元	20%比例税率，畸高加成征收
稿酬所得	次	4 000元以上定率减除20%，4 000元以下定额减除800元	20%比例税率，减征30%
特许权使用费所得	次	4 000元以上定率减除20%，4 000元以下定额减除800元	20%比例税率
财产租赁所得	次	4 000元以上定率减除20%，4 000元以下定额减除800元	20%比例税率
财产转让所得	次	财产转让收入减除财产原值和合理费用	20%比例税率
利息、股息、红利所得	次	不扣除任何费用	20%比例税率
偶然所得	次	不扣除任何费用	20%比例税率
其他所得	次	不扣除任何费用	20%比例税率

第二节是个人所得税的计算是实际操作，要掌握的计算技能主要有：

1. 工薪所得的计税，由于情况多样，既是重点也是难点。主要掌握境内多处取得工薪的计税；全年一次性奖金的计税；企业年金的计税。实行年薪制的企业经营者的计税；雇主为雇员负担税款的计税；及雇佣和派遣单位分别支付工薪和将部分工薪收入上交派遣单位的计税。

2. 承包经营、承租经营所得的计税，包括拥有和不拥有经营成果所有权的计税。

3. 劳务报酬所得的计税，包括"次"的确定，定额或定率扣除费用和加成征收的运用，及单位或个人代付税款的计税。

4. 稿酬所得的计算，一是"次"的正确确定，二是减征的规定。

5. 特许权使用费所得的计税，需注意中介费规定的正确运用。

6. 财产租赁所得的计税，需注意修理费规定的正确运用。

7. 境外已纳税款的扣除，它与企业所得税和涉外企业所得税相关规定的不同点是：不需要汇总计算境内、外所得的应纳税总额；分国分项计算扣除限额。

第三节是个人所得税的缴纳和会计处理，主要掌握两种缴纳方式及适用范围和程序、期限，对个体工商户建账的规定以及相应的会计处理。

思考与练习

一、基本概念

1. 住所

2. 居民

3. 临时离境

4. 习惯性居住地

二、思考与讨论

1. 征收个人所得税有哪些作用？

2. 我国现行个人所得税制和企业所得税比较有哪些特点？

三、练习题

（一）判断题

1. 王某与季某合作发表一篇作品，共取得稿费 2 000 元，王某分得 1 200 元，季某分得 800 元，据此，王某应缴纳个人所得税 56 元，季某不用纳税。（　　）

2. 某作家出版一部小说，取得稿酬收入 10 000 元，其应纳的个人所得税为：10 000 ×（1 − 20%）× 20% = 1 600 元。（　　）

3. 某外国人于 2009 年 4 月来中国工作，到 2010 年 10 月为止，该外国人在中国境内已居住满 1 年，因此判定该外国人为居民纳税人。（　　）

4. 个人所得税对工薪所得计算征税时，允许扣除的 2 000 元生计费属于起征点性质的优惠。（　　）

5. 某公民在我国境内无住所，而在我国境内居住又不满 90 天（或者 183 天）的个人，其来源于我国境内的所得免征个人所得税。（　　）

6. 两人或两人以上共同取得同一项收入的，要对每个人取得的收入分别按规定减除费用后计算税额。（　　）

7. 对于纳税人取得全年一次性奖金，一般应将其同当月的工资、薪金合并计算，按其所达级数适用税率，计算应纳个人所得税税额。（　　）

8. 纳税人依照税法规定申请个人所得税抵免的，应当提供境外税务机关填发的完税凭证的原件或复印件。（　　）

9. 个人所得税的抵免限额和企业所得税一样均采取分国不分项的方法计算扣除。（　　）

10. 对劳务报酬收入一次超过 2 万元至 5 万元的部分加征五成，超过 5 万元的部分加征十成。（　　）

11. 个体户的年度经营亏损，允许用上一年度的经营所得弥补。1 年弥补不完的，可以逐年延续弥补，但延续弥补期限最长不超过 3 年。（　　）

12. 个体户在计算个人所得税应纳税所得额时，其发生与生产经营有关的业务招待费，在其收入总额 5‰以内，可凭合法凭证据实扣除。（　　）

13. 个人所得税的代扣代缴单位，只对本单位职工的工薪所得负有代扣代缴义务。（　　）

14. 外国一位科学家在我国某杂志上发表一篇学术论文，他所取得的稿酬收入，应为来源于我国境内的所得。（　　）

15. 王某担任某公司董事职务，但不在该公司任职，取得的董事费收入应并入当月工资，按工薪所得计算缴纳个人所得税。（　　）

（二）单项选择题

1. 对在中国境内无住所而在中国境内取得工资、薪金所得的纳税义务人和在中国境内有住所而在中国境外取得工资、薪金所得的纳税义务人，其费用扣除额为（　　）。

A. 800 元　　B. 1 600 元

C. 3 200 元　　D. 4 800 元

2. 下列一次收入畸高实行加成征收个人所得税的项目为（　　）。

A. 偶然所得　　B. 稿酬所得

C. 劳务报酬所得　　D. 股息、利息、红利所得

3. 某月某外国人在中国境内取得工薪所得 1 万元，其应纳税所得额为（　　）。

A. 5 200 元　　B. 8 000 元

C. 9 200 元　　D. 1 万元

4. 甲、乙两位作家合作完成一部小说出版，稿酬 1 万元两人平分。出版社应代扣代缴甲、乙两人的个人所得税税款合计为（　　）。

A. 1 120 元　　B. 1 175 元

C. 1 400 元　　D. 1 600 元

5. 王某获得中彩所得 1 万元，通过县教育局全部捐赠给本村小学，王某应纳的个人所得税税额为（　　）。

A. 免税　　B. 1 400 元

C. 2 000 元　　D. 1 600 元

6. 某作家出版一部小说，取得稿酬 5 000 元，其应纳的个人所得税额为（　　）。

A. 560 元　　B. 800 元

C. 840 元　　D. 1 000 元

7. 两人以上共同取得同一项目收入的计税方法为（　　）。

A. 先分、后扣、再税　　B. 先扣、后税、再分

C. 先分、后税　　D. 先税、后分

8. 某彩民购买体育彩票第一次中奖 1 万元，第二次中奖 500 万元，购买彩票支出 2 万元，请客支出 0.1 万元，该彩民应纳个人所得税税额为（　　）。

A. 100.2 万元　　B. 100 万元

C. 99.78 万元　　D. 99.58 万元

9. 下列个人所得须定额扣除费用的是（　　）。

A. 劳务报酬收入 6 000 元　　B. 稿酬收入 2 000 元

C. 特许权使用费收入 4 200 元　　D. 财产租赁收入 7 400 元

10. 下列个人所得须定率扣除费用的是（　　）。

A. 利息收入 4 200 元　　B. 承包经营收入 1 万元

C. 劳务报酬收入 5 000 元　　D. 特许权使用费收入 3 800 元

（三）多项选择题

1. 对两个或两个以上的个人共同取得同一项所得应当按人分别扣除费用的项目有（　　）。

A. 财产转让所得

B. 财产租赁所得

C. 稿酬所得

D. 劳务报酬所得

E. 特许权使用费所得

2. 下列个人所得中适用20%比率的是(　　　)。

A. 财产租赁所得

B. 财产转让所得

C. 工资、薪金所得

D. 劳务报酬所得

E. 对企事业单位承包经营所得

3. 在计算个人所得税应纳税所得额时，每月减除费用2 000元的项目是（　　　）。

A. 工薪所得

B. 偶然所得

C. 财产转让所得

D. 个体工商户生产经营所得

E. 对企业单位承包、承租经营所得

4. 在计征个人所得税时，不得扣除任何费用的征税项目是(　　　)。

A. 偶然所得

B. 劳务报酬所得

C. 股息、利息、红利所得

D. 特许权使用费所得

E. 个体工商户生产经营所得

5. 下列属于来源于中国境内应纳税所得的个人所得是(　　　)。

A. 从境外的公司取得的股息所得

B. 转让中国境内的建筑物取得的所得

C. 将财产出租给中国境内承租者取得的所得

D. 转让中国境内的土地使用权取得的所得

E. 提供在中国境内使用的特许权取得的所得

6. 下列属于免征个人所得税项目的是(　　　)。

A. 偶然所得

B. 退休工资

C. 保险赔款

D. 储蓄存款利息

E. 投资入股取得的红利所得

7. 在下列情形中，必须向税务机关申报所得并缴纳税款的是(　　　)。

A. 取得储蓄存款利息

B. 从单位取得劳务报酬，已扣税款的

C. 从两处或两处以上取得工薪所得

D. 取得应税所得没有扣缴义务人没有代扣税款的

E. 从出版社分次取得同一本书的稿酬

8. 下列实行定额或定率扣除费用的个人所得是(　　　)。

A. 稿酬所得

B. 财产转让所得

C. 财产租赁所得

D. 特许权使用费所得

E. 股息和红利所得

9. 下列属于个人所得税纳税人的有(　　　)。

A. 个体工商户

B. 个人独资企业

C. 个人合伙企业

D. 无限责任的私营企业

E. 有限责任的私营企业

10. 自行申报纳税的方式有(   )。

A. 本人直接申报纳税

B. 委托他人代为申报纳税

C. 邮寄方式申报纳税

D. 支付单位代扣代缴

(四)计算题

1. 某演员参加演出取得出场费收入 10 万元。

要求：计算该演员应纳的个人所得税。

2. 某工程师退休后又被返聘到原单位工作，该单位 2010 年 6 月支付退休工资 1 200 元，返聘工资 3 000 元。

要求：计算该工程师当月应纳的个人所得税。

3. 王某 2009 年 12 月份领取工资 3 000 元，同时又领取全年一次性奖金 16 000 元；2010 年 12 月领取工资 1 000 元，同时又领取全年一次性奖金 16 000 元。

要求：分别计算 2009 年 12 月和 2010 年工薪所得应纳的个人所得税。

4. 李某本月取得如下收入：出租房屋取得租赁收入400元；本月应发工资4 600元（其中包括享受的政府特殊津贴500元，按国家规定发放的住房补贴100元，本月奖金200元），扣除住房公积金150元，养老保险基金100元，失业保险基金50元，大病统筹基金100元后实发工资2 600元；转让一项专利取得收入5 000元；取得2009年一年期银行存款利息200元。

要求：分析计算该公民本月应缴纳的个人所得税。

5. 张、李二人共同承包一家乡镇企业。合同规定，每年净上缴承包费6万元，企业所得税由承包人从所获收入中负担；另由发包人发给每人每月工资1 000元。假设，某纳税年度该企业获利12万元，除上缴税、费后的收入，张得60%、李得40%。

要求：计算两人共应缴纳的个人所得税。

6. 某作家本月取得收入与纳税情况如下：（1）在甲、乙两处任职，工资分别为1 400元和1 200元，没有申报缴纳个人所得税；（2）出版一部小说，出版社两次等额支付其稿费共6 000元，共代扣代缴其个人所得税616元；（3）在外国转让一项知识产权，取得人民币2万元，该国税率为30%，在该国纳税6 000元，现要求全部予以抵免；（4）到某大学做学术报告，取得收入2 000元，该校没有代扣代缴其个人所得税。

要求：回答下列问题：

（1）工薪所得不缴纳个人所得税是否正确，为什么？

（2）作家在出版社代扣代缴税款后是否还应申报纳税？为什么？

（3）在境外缴纳的税款全部抵免是否合法？为什么？

（4）讲学收入应如何纳税？纳多少？

第九章

资源税、耕地占用税、城镇土地使用税和土地增值税

学习指导

在第一节中讲述了资源税的概念、立法宗旨（即为什么要开征资源税）及其特点。了解资源税的特点，有助于理解资源税各要素的具体内容。在本节中，应注意以下要点：

在征税范围的内容中，可以从四个方面来把握：

1. 从正面了解，它包括矿产品和盐两大类，分为七个税目，以及各税目的具体内容。必须注意其范围仅限于“原产品”，也就是说，矿产品和盐的加工产品不属于资源税的征收范围。

2. 从反面了解，哪些不属于其征税范围。如除原矿、原盐的加工产品外，还有进口的矿产品和盐，以及中外合作油田开采的原油、天然气等。

3. 征税项目中不征税的品目，比如人造石油、煤矿生产的天然气等。

4. 在《资源税税目税额明细表》中凡未列举名称的其他非金属矿原矿（此类品种甚多）和其他有色金属矿原矿，由省级人民政府根据境内的资源情况列举征税或缓征资源税的品目。

在纳税人中要注意对两类扣缴义务人的规定。两者代扣代缴的都是收购的未税矿产品（收购已税的不存在扣缴问题）；两者扣缴税款适用税额的规定是不同的。独立矿山和联合企业本身是生产应税产品的单位，其他的收购单位则无本单位适用税额可循。

资源税的税率比较重要。采用定额税率，其单位税额实行分级核定、分层表述，比较复杂。首先是国务院规定各税目的幅度税额。它保证了税政的统一，不影响纳税人之间的平等竞争，又给各地以较大分权，有利于更好地发挥资源税调节级差收入的作用。其次，在国务院规定的税额幅度内，制定了《资源税税目税额明细表》及其所附的《几个主要品种的矿山资源等级表》。《资源税税目税额明细表》对石油、天然气、煤炭基本上是按企业核定税额；其他非金属矿产品基本上是按产品（未划等级）确定税额；固体盐则按照大区和品种确定适用税额，即按盐种分为海盐、湖盐和井矿盐三种，并以长江为界分南方和北方海盐。这样，对全国大中型企业或矿区等的适用税额都作了具体规定。凡没有划分等级或直接按企业或省区确定税额的，只需查找《资源税税目税额明细表》就可知道纳税人的适用税额；凡列入《几个主要品种的矿山资源等级表》的企业和矿山，在明确所属等级后，也可直接

从《资源税税目税额明细表》上找到适用税额。再次，对于划分资源等级的应税资源，而在《资源税税目税额明细表》中未列举名单的，基本上是一些规模较小或零星的纳税人，其适用税额由各省级人民政府参照核定。

资源税的计算比较简单，主要是正确确定计税数量。必须明确，按纳税人的实际销售数量和自用应税产品的移送使用数量计税，这是基本的。只有在没有掌握和不能准确掌握这两个数量时，才分别按产量或折算比换算的数量计税。但以液体盐加工成固体盐销售或自用的，则以固体盐的数量为计税数量。这是因为，液体盐是用于生产碱和其他产品的原料，而且以液体盐制碱是一项应鼓励发展的新技术，因此规定了较低的单位税额；而以液体盐加工固体盐，则不属于照顾的范围。为了避免重复征税，对以外购液体盐加工固体盐，规定其所耗用液体盐的已纳税额准予在其固体盐应纳税额中抵扣。

纳税地点是个重点，它关系到应税资源所在地的利益。规定向应税产品的开采或生产所在地纳税，体现了在哪里开采资源，应由哪里受益的原则。因为资源在哪里开采，就会占用了哪里的土地，使用当地的基础设施。我国矿产资源大多集中在经济欠发达的中西部地区，这一规定还有利于支持这些地区的经济发展。

对于跨省区开采，其下属生产单位与核算单位不在同一省区的，仍由生产单位向各自的开采地纳税，税额则由独立核算、自负盈亏的单位据实划拨。例如，某油田共有五个大的井口，甲井口在A省；乙井口在B省；其余三个井口在C省。某月共生产原油10万吨，自用于加热、修井1万吨（免税）、对外销售9万吨。这个月10万吨产量中，甲井口生产1万吨，乙井口生产3万吨，其余三个井口共生产6万吨。该油田适用单位税额为12万元。如何纳税？先在三地分摊自用原油免税量，再计算出三地的课税数量（实际操作中，也可以销售数量占生产量的比例，直接计算出三地的课税数量）据以计税。从所述资料看，当月销售量为生产量的9/10，则甲井口应向A省缴纳的税款为：$9/10 \times 1 \times 12 = 10.8$（万元）；同理，乙井口应向B省纳税32.4万元；其余三个井口总共应向C省纳税64.8万元。这5个井口只是生产单位，因此，他们缴纳的税款要由负责统一核算的油田总部据实划拨。

资源税的减免主要规定了三项，其中规定对独立矿山的铁矿石资源税减征40%，这是因为实行规范的增值税税率后，铁矿石深加工产品（特别是钢材）的税负比税制改革前降低较多，于是通过提高铁矿石的资源税来加以平衡。联合企业既开采铁矿石，又加工冶炼，税负有升有降，基本持平。但对独立铁矿山来说，税负增加较多，为支持其发展，故给予减税照顾。

在第二节耕地占用税中，首先要掌握它一个独有的特点，即实行一次性课税制。纳税人按实际占用耕地面积依法缴纳一次税款后，在以后的使用、转让和继承过程中，不再缴纳耕地占用税。就这一点而言，它与城镇土地使用税和土地增值税之间具有承接关系。

1. 耕地占用税的征税对象是个重点内容。作为征税对象构成占用耕地这一行为需同时具备两个条件：第一，占用的必须是耕地；第二，占用耕地后用于建房或从事非农业建设。其中占用耕地是前提条件，后者是限制条件，只有在这一特定范围内才能征税。

2. 耕地占用税的纳税人包括了有纳税行为的国家单位、集体单位和城乡居民。农村居民占用耕地建房也要缴纳此税。

3. 在确定计税依据，首先要核实实际占用耕地的数量，特别要注意四种情况：

(1) 经国家各级土地管理部门批准占用的耕地数；

(2) 虽经土地管理部门批准，但实际占地多于批准占用的耕地数；

(3) 批准占用非耕地，而实际占用的耕地数；

(4) 未经批准而自行占用的耕地数。

其次，耕地占用税的计量单位为平方米，而审批用地是以亩为单位计量的，因此计税时，需将亩换算成平方米。换算标准为：1 亩 =666.67 平方米。

4. 耕地占用税的减免税规定，归纳起来有三个方面：

(1) 特殊用途（如军事设施、铁路、公路建设等占用耕地）占用耕地减免税；

(2) 特殊单位（如学校、幼儿园、养老院、医院）占用耕地免税；

(3) 纳税困难户（如烈属和残疾军人等）、特殊户（如水库移民等）和农村居民建房用地的照顾性减免税。

5. 在税款缴纳的内容中，应该注意：

(1) 纳税环节规定在各级政府批准用地单位或个人在征（占）用耕地之后，土地管理部门发放征（占）用土地通知书和划拨用地之前。这也就规定了它的纳税程序。

(2) 税款不需通过“应交税费”科目核算，而是直接在“在建工程”科目中列支。如果一次纳税数额较大，可以通过“待摊费用”科目摊销。

(3) 税款从 2008 年 1 月 1 日改由地方税务机关负责征收。

在第三节城镇土地使用税中，首先要注意其征收范围与房产税的征税范围相类似，只限于城市、县城、建制镇和工矿区。其中，工矿区并非指一般的工厂、矿山的所在地。处于省级政府确定的征税范围以外的工矿企业，就不需要缴纳房产税和城镇土地使用税。从 2007 年开始其纳税人应包括外商投资企业和外国企业。

城镇土地使用税以纳税人实际占用的土地面积为计税依据，并不考虑其是否使用。在这一点上，它又接近于财产税。还要注意的是，几个人或几个单位共同拥有一块土地使用权的，共有各方都是纳税人。

1. 城镇土地使用税的计税依据主要有三个方面的内容：

(1) 实际占用的土地面积是由省级政府确定的单位组织测定的土地面积；

(2) 尚未组织测量的，按政府部门核发的土地使用证书确定的土地面积为准；

(3) 尚未核发土地使用证的，由纳税人据实申报土地面积，经税务机关核定，据以纳税，待核发土地使用证后再调整。

2. 城镇土地使用税的税率分别大、中、小城市和县城、建制镇、工矿区，规定幅度税额，每个幅度税额的差距为 20 倍。大、中、小城市的规模以公安部门登记在册的非农业正式户口数为准，按照国务院颁布的《城市规划条例》中规定的标准划分。

3. 在税款缴纳的内容中，需注意新征用土地开始纳税时间的规定。企业缴纳的税款，在“管理费用”中列支。

在第四节中，应掌握以下内容：

1. 要正确理解土地增值税的概念。土地增值税主要是对转让房地产所取得的增值额征收的一种税。那么，为什么称为土地增值税呢？这是因为：房屋只会越用越残旧，最终失去使用价值，它本身不可能增值。但房屋总是固定在土地上的，于是由于土地的增值，连为一体的房地产的房产也就随之增值。那么，土地又为什么会增值呢？主要是：

（1）土地是有限的，而随着社会人口和经济的不断发展，社会对土地的需求不断增长，引起地价不断上升，而且其上升的总趋势具有不可逆性。这是自然增值，也是土地增值的主要因素。

（2）是投资增值，即投入资金开发建造，改善了生产和生活环境而形成土地增值。其中，政府为整治和开发土地投入巨额资金，又是主要的。

在我国，国家是土地资源的所有者，由于上述两个原因，国家理应通过税收等方式参与土地增值收益分配，并取得较大的份额。这就是开征土地增值税的理由及其名称的由来。开征土地增值税，还有利于促使纳税人尽可能地提高土地利用的效益，保护土地资源；有利于国家对房地产市场的宏观调控，抑制房地产的投机行为。

2. 应该正确理解土地增值税的征税范围和纳税人。关键在于区分哪些属于其征税范围，哪些不属于其征税范围。相应地确定其纳税人的范围。同时了解在其征税范围中，又有哪些情况暂免予征税。

3. 注意土地增值税税率的特殊形式。土地增值税所采用的是四级超率累进税率，这是现行税种中唯一采用这一税率形式的税种。其中，最低税率为30%，最高为60%，税负高于企业所得税。这样的税率政策一方面可以对正常的房地产开发经营，通过较低税率和较多的扣除体现扶持政策；另一方面，对取得过高收入，尤其是对炒买炒卖房地产获取的暴利，征以高税，可以发挥一定的抑制作用。

4. 土地增值税的计税依据是个重点内容，主要应掌握扣除项目的金额。其中须注意以下几个方面：

（1）取得土地使用权所支付的金额。具体有三种情形：即向政府（土地所有者）支付土地出让金和补交的土地出让金；向原土地使用权人支付的地价款；转让过程中缴纳的有关费用。

（2）开发成本具体包括六项费用，对其内容应有所了解。

（3）开发费用，不能按实际发生额扣除，而应根据其中利息支出情况，区分两种情形计算扣除。

（4）除与转让有关的税金可以扣除外，还有县级及以上政府要求房地产开发企业在售房时代收的各项费用，可根据这些代收费用是否计入房价和是否作为转让收入，来确定能否扣除。如果代收费用计入房价向购买方一并收取，则可以作为转让房地产取得的收入，同时在计算扣除项目金额时予以扣除。如果代收费用未计入房价，而是另外单独收取，则可不计入转让收入，也不得从收入中扣除。

（5）加计20%的扣除，仅适用于从事房地产开发的纳税人。其计算基础与扣除开发费用的计算相似；其20%的比例，又与出售普通标准住宅，增值额未超过扣除项目金额20%的免税规定相同，这些须注意区别，不可混淆。

（6）规定的扣除项目总的有六项，但在具体应用时，应注意不同的纳税人和不同的转让对象的不同扣除项目。

5. 在土地增值税税额的计算和缴纳中，应把握几个内容：（1）掌握超率累进税率的运用和计算方法，尤其是其中的速算方法；（2）掌握免税规定，注意当地关于普通标准住宅的界定；（3）纳税期限，要注意不同的转让方式和收款方式的不同纳税期限和缴纳方法；（4）纳税地点，为房地产所在地，即房地产的坐落地。纳税人是自然人，其转让房地产的坐落地与其居住所在地不在一地时，则在办理过户手续所在地申报纳税。

思考与练习

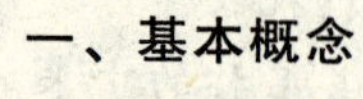

一、基本概念

1. 资源税

2. 耕地占用税

3. 土地增值额

4. 土地增值税

二、思考与讨论

1. 为什么要开征资源税？现行资源税有哪些特点？

2. 资源税纳税人的适用税额是怎样确定的？

3. 资源税为什么规定在应税产品的开采或生产地纳税？

4. 开征耕地占用税有何意义？这个税有哪些特点？

5. 城镇土地使用税和耕地占用税主要有什么区别和联系？

6. 土地增值税的征收制度，在哪些方面体现了对从事正常房地产开发的支持和对房地产炒买炒卖投机行为的抑制？

三、练习

（一）判断题

1. 进口的矿产品和盐不征收资源税；出口应税矿产品和盐也不退（免）资源税。（　）

2. 资源税的纳税人暂不包括外商投资企业和外国企业。（　）

3. 资源税纳税人未分别核算或不能准确提供不同税目应税产品的课税数量，从高适用税额。（　）

4. 资源税扣缴义务人代扣代缴税款的时间，为支付货款的当天。（　）

5. 以应税原矿入选精矿，因无法准确掌握其移送使用数量的，须按选矿比折算还原成原矿数量计税；同理，以液体盐加工成固体盐而不知其移送数量的，也应当折算还原成液体盐的数量课税。（　）

6. 凡是经营和使用资源税应税矿产品原矿和原盐的单位和个人，都是资源税的纳税人。（　）

7. 消费税纳税人以自产应税消费品用于连续生产应税消费品的，不征税；同理，纳税人以自产（开采）的金属矿原矿连续用于加工冶炼的，也不征收资源税。（　）

8. 资源税的征收范围包括了有色金属矿原矿和非金属矿原矿；凡是有色金属矿原矿和非金属矿原矿，《资源税暂行条例》规定一律要征收资源税。（　）

9. 资源税应税矿产品原矿和原盐，既要征收资源税，同时又要征收增值税；对矿产品和盐的加工产品，则只征增值税，不征资源税。（　）

10. 盐资源税的纳税环节为出场（厂）销售环节。（　）

11. 耕地占用税以纳税人实际占用的耕地面积为计税依据，从价征收。（　）

12. 耕地占用税税率采用定额税率，以村为单位，按其人均耕地的多少，规定幅度差别税额。（　）

13. 耕地占用税的对象是指占用土地建房和从事其他非农业建设的行为。（　）

14. 外商投资企业不缴纳耕地占用税。（　）

15. 在征税范围内，已批准用地但尚未核发土地使用证书的单位或个人，可暂不缴纳土地使用税。（　）

16. 在城镇范围内纳税人占用耕地，已依法缴纳了耕地占用税后，不再缴纳城镇土地使用税。（　）

17. 大中型工矿企业所占有的空间范围即为工矿区，其实际占用的土地均应依法缴纳城镇土地使用税。（　）

18. 农村居民占用集体耕地建房，需缴纳耕地占用税；如占用耕地建猪圈、牛栏等，则不用缴纳耕地占用税。（　）

19. 已免纳耕地占用税的土地，因改变用途不再属于免税范围的，须补缴耕地占用税；纳税人按规定退还耕地的，其已纳的耕地占用税则予以退还。（　）

20. 城镇土地使用税的免税单位无偿使用纳税单位的土地需纳税；而纳税单位无偿使用免税单位的土地，则可享受免税待遇。（　）

21. 对于一方出土地，另一方出资金，双方合作建房，建成后按比例分房自用或转让的，均暂免征土地增值税。（　）

22. 纳税人建造普通标准住宅出售，增值额未超过扣除项目金额20%的，免征土地增值税；增值额超过扣除项目金额20%的，应就其超过20%的部分计征土地增值税。 （ ）

23. 张某在阳光小区花费60万元购置了一套新居后，欲将原居住了8年的约为18平方米的旧房卖出，经评估，此旧房价值约30万元。因此房处于繁华地段，最终以50万元出售。按照税法的有关规定，向当地税务机关申报并核准，免予征收土地增值税。 （ ）

24. 凡是以无偿赠与方式转让房地产的，因未取得收入，故不属于土地增值税的征收范围。 （ ）

25. 对房地产的抵押，在抵押期间不征收土地增值税。抵押期满后，因无力赎回房地产，丧失了对该项房地产的产权，且无收入的，也不应征收土地增值税。 （ ）

26. 两户国有单位互相交换价值相等的住房，产权仍属国家所有，双方又都无增值，因此不属于土地增值税的征收范围。 （ ）

27. 房地产开发企业转让房地产时缴纳的印花税，不准从转让收入中扣除；其他单位转让房地产时缴纳的印花税，则可予以扣除。 （ ）

28. 房地产开发公司代客户进行用于出售的房地产开发，向客户收取了代建收入，因此应依法缴纳土地增值税。 （ ）

（二）单项选择题

1. 耕地占用税税法规定：占用基本农田的，适用税额应当在当地适用税额的基础上提高（ ）。

A. 20%　　B. 30%

C. 40%　　D. 50%

2. 企业缴纳的下列税种的税款，不需通过“应交税费”账户核算的有（ ）。

A. 城镇土地使用税　　B. 耕地占用税

C. 印花税　　D. 房产税

E. 契税

3. 扣缴义务人代扣代缴的资源税应向（ ）主管税务机关缴纳。

A. 开采地　　B. 收购地

C. 生产所在地　　D. 销售地

E. 核算地

4. 某煤矿在3月份生产销售煤炭10万吨，天然气5 000万立方米。该煤矿适用的单位税额为1.5元/吨，天然气适用的单位税额为8元/千立方米，则该煤矿在3月份应纳的资源税为（ ）万元。

A. 55　　B. 40

C. 25　　D. 15

5. 对独立矿山应纳的铁矿石资源税应减征（ ）。

A. 60%　　B. 40%

C. 30%　　D. 50%

6. 纳税人生产应税产品出售的，应以（ ）为资源税的计税依据。

A. 生产量　　B. 生产量减去自用数量

C. 销售金额　　D. 课税数量

7. 我国目前的资源税采用（　　）税率形式。

A. 比例　　B. 超率累进

C. 超额累进　　D. 定额

8. 纳税人新征用的土地，必须于批准新征用之日起，（　　）日内申报纳税。

A. 30　　B. 20

C. 10　　D. 5

9. 对独立矿山应纳的铁矿石资源税只征（　　）。

A. 50%　　B. 40%

C. 30%　　D. 20%

10. 某油田某月生产原油 13.5 万吨（单位税额 12 元/吨），其中销售 9 万吨；用于自办油厂加工 1.9 万吨；用于加热、修井 1 万吨；用于职工生活 0.1 万吨；待销售 1.5 万吨。该油田当月应纳资源税为（　　）。

A. 162 万元　　B. 144 万元

C. 132 万元　　D. 130.8 万元

E. 108 万元

11. 某盐场某月份生产销售固体原盐 10 万吨；另用自产的液体盐 35 万吨加工成固体盐 10 万吨，已销售 8 万吨，该盐场每 3.5 吨液体盐可加工 1 吨固体盐；该盐场固体盐适用单位税额为 12 元/吨，液体盐适用单位税额为 3 元/吨。该盐场当月应纳资源税税额为(　　)。

A. 225 万元　　B. 240 万元

C. 216 万元　　D. 204 万元

12. 仍如上题，但 35 万吨液体盐是外购的，则该盐场当月应纳资源税税额为（　　）。

A. 15 万元　　B. 135 万元

C. 111 万元　　D. 132 万元

13. 某铁矿山某月销售铁矿石 1 万吨，单位税额 15 元/吨；销售伴采锰矿石 4 000 吨，单位税额 2 元/吨；当月自用铁矿石原矿 2 000 吨入选精矿 1 250 吨，但未销售。该矿山当月应纳资源税额为（　　）。

A. 18.8 万元　　B. 18 万元

C. 15.8 万元　　D. 15 万元

14. 土地增值税暂行条例规定，纳税人应当自（　　）之日起 7 日内，向房地产所在地的主管税务机关办理纳税申报。

A. 签订房地产转让合同　　B. 签订房地产开发合同

C. 实现房地产转让　　D. 收取转让房地产预售定金

E. 收到房地产评估报告

（三）多项选择题

1. 下列属于耕地占用税纳税人的有（　　）。

A. 国有企业　　B. 集体企业

C. 私营企业　　D. 外商投资企业

E. 外国企业

2. 下列各项中，城镇土地使用税直接规定的免税项目是（　　）。

A. 个人所有的居住房屋和院落用地

B. 宗教寺庙自用的土地

C. 民政部门举办的安置残疾人占一定比例的福利工厂用地

D. 个人办医院、托儿所和幼儿园

E. 市镇街道、绿化地带用地

3. 下列占地项目中属于耕地占用税征税范围的有（　　）。

A. 农民在其承包经营的耕地上，划出靠路边的一块建房开小商店。而没有减少其上缴集体的承包费和农业税

B. 某村将大片种植农作物的耕地不再种作物，而任其长草以牧养牲畜

C. 某农业科研单位在其拥有的耕地上，拿出一块建宿舍，以解决职工住房

D. 为发展乡镇企业，占用部分菜地建厂房

E. 将部分种植经济林木的土地挖作鱼塘

4. 城镇土地使用税以纳税人实际占用的土地面积为计税依据，确定实际占用土地面积的方法有（　　）。

A. 省级政府确定的单位组织测定的面积

B. 政府部门核发的土地使用证书确认的土地面积

C. 先由纳税人申报土地使用证书确认的土地面积

D. 由征收机关核定面积计税

5. 城镇土地使用税征税地区范围包括（　　）。

A. 城市市区　　B. 城市郊区

C. 县城城区　　D. 县城郊区

E. 工矿区

6. 我国现行税收实体法中，采用定额税率的有（　　）。

A. 资源税　　B. 营业税

C. 消费税　　D. 城镇土地使用税

E. 契税

7. 我国现行税收实体法中，适用于外商投资企业和外国企业及外籍人员的税种有（　　）。

A. 城市维护建设税　　B. 契税

C. 房产税　　D. 车船税

E. 增值税

8. 我国现行税收实体法中，规定按年计征、分期缴纳的税种有（　　）。

A. 企业所得税　　B. 房产税

C. 车船税　　D. 城镇土地使用税

E. 印花税

9. 在我国境内开采和生产的下列产品，属于资源税应税产品的有（　　）。

A. 铁矿石　　B. 卤水

C. 煤矿生产的天然气　　D. 石棉

E. 人造石油

10. 资源税的纳税人包括从事应税资源开采或生产并进行销售或自用的单位或个人，但不包括（　　）。

A. 外商投资企业和外国企业　　B. 进口应税产品的单位

C. 经营盐的批发和零售的单位　　D. 乡镇小煤矿

E. 私营小矿山

11. 纳税人开采或生产下列产品，不属于资源税征税范围的有（　　）。

A. 以油母页岩等炼制的原油　　B. 伴生矿

C. 伴选矿　　D. 土盐

E. 黄金

12. 因无法准确掌握纳税人移送使用原矿、原油、原液体盐数量的，可选择的课税数量为（　　）。

A. 煤炭以加工产品的综合回收率折算成原煤课税

B. 原油按生产数量课税

C. 金属矿将精矿按选矿比折算成原矿课税

D. 加工的固体盐按加工比折算成液体盐课税

E. 按加工后的选煤、精矿或固体盐的数量课税

13. 下列房地产转让行为中，属于土地增值税征收范围的是（　　）。

A. 取得土地使用权后，未经开发，直接转让

B. 以房屋抵偿债务

C. 被兼并企业的房地产转并到兼并企业中

D. 无偿赠与房屋给直系亲属

E. 企业破产清算转让的房地产

14. 房地产开发企业转让自己使用过的旧房及建筑物，允许扣除的项目包括（　　）。

A. 旧房及建筑物的原价　　B. 旧房及建筑物的评估价

C. 取得土地使用权时支付的地价款　　D. 转让环节交纳的税金

E. 加计 20% 的扣除

15. 下列费用中属于土地增值税所列出的可扣除的开发成本有（　　）。

A. 土地征用及拆迁补偿费

B. 工程规划、设计和项目可行性研究支出

C. 开发小区内道路、排污、环卫、绿化工程支出

D. 开发小区内的居委会、派出所、消防、水塔设施的支出

E. 开发小区内的商店、银行、邮局设施的支出

16. 纳税人转让房地产所取得的收入包括（　　）。

A. 实物收入

B. 股票

C. 无形资产转让收入

D 计入房价的代县以上政府收取的各项费用

E. 按规定代收的价外费用

17. 在境内转让房地产开发并取得收入的下列单位和个人，属于土地增值税纳税人的是（　　）。

A. 国有企业

B. 税务机关

C. 部队

D. 学校、医院

E. 外籍个人

18. 纳税人转让房地产须按照房地产评估价格确定转让收入的是（　　）。

A. 隐瞒、虚报房地产成交价格的

B. 转让旧房及建筑物的

C. 提供扣除项目金额不实的

D. 单位之间交换已使用过房屋的

E. 转让价格偏低，又无正当理由的

19. 下列对土地增值税纳税地点的确定中正确的是（　　）。

A. 向所转让的房地产坐落地申报纳税

B. 法人转让的房地产坐落地与其机构所在地或经营所在地一致时，向办理税务登记的原管辖税务机构申报纳税

C. 自然人转让的房地产坐落地与其居住所在地一致时，向住所所在地申报纳税

D. 自然人转让的房地产坐落地与其居住所在地不一致时，向办理过户手续所在地申报纳税

E. 纳税人转让的房地产坐落在两个或两个以上地区的，向纳税人机构所在地或居住所在地申报纳税

（三）计算题

1. 某企业实际占用土地面积为 5 000 平方米，当地适用税额标准为 4 元/平方米。

要求：计算该企业应纳城镇土地使用税。

2. 某企业占用耕地 8 000 平方米建设厂房，当地规定的耕地占用税税额为每平方米 7 元。

要求：计算该企业应纳耕地占用税。

3. 某市房地产开发公司转让写字楼一幢，取得转让收入5 000万元，公司即按税法规定缴纳了有关税金。该公司为取得土地使用权而支付的金额为500万元；投入房地产开发成本1 500万元；开发费用400万元，其中计算分摊给这幢写字楼的利息支出120万元（有金融机构证明），比按工商银行同类同期贷款利率计算的利息多10万元。另外，公司所在地政府规定的其他开发费用的计算扣除比例为5%。

要求：计算该公司转让此楼应纳的土地增值税税额。

第十章

房产税、契税、车辆购置税和车船税

学习指导

本章讲述的是我国现行的财产税类。财产课税是对人们拥有或支配的财产课征的税收。具有直接税性质。财产税是几个税的总称，包括若干个税种，一般分为对财产的所有或占用的课税（如我国现行的房产税），以及对财产的转移课税（如我国现行的契税）。

在第一节房产税中，首先讲述了房产税的概念、由来及其作用。在房产税的征收制度，需注意以下几点：

1. 征税对象和范围：

（1）房产的范围。房产不仅包括以房屋形态表现的财产，而且包括附属设备，即与房屋不可分割的组成部分以及不单独计价的配套设施，主要有：暖气、卫生、通信、照明、煤气等设备；各种管线，如蒸汽、压缩空气、石油、节水排水管道及电力、电讯、电缆导线、电梯、升降机、过道、晒台等。但不包括独立于房屋之外的建筑物。如围墙、烟囱、水塔、变电塔、酒窖菜窖、室外游泳池、玻璃暖房等。

（2）仅限于城市、县城、建制镇和工矿区的房屋，不包括农村的房屋。

（3）原来不适用于外商投资企业、外国企业和外籍个人，但从2009年1月1日起，由于废止了原来的城市房地产税，其征税对象和范围中应包括外商投资企业、外国企业和外籍个人。

2. 纳税人。原则上为房屋产权的所有人。由于具体情况不同，纳税人还可以是房屋的经营管理单位、承典人、代管人或使用人。房屋的典当是指房屋产权所有人将房屋交给承典人占有、使用和获取收益；承典人按约定典金一次性交给出典人，并在典期届满时完好返还房屋并收回典金的一种房屋使用权变更行为。“典”是可以回赎的意思，“当”是以实物作抵押的借贷关系。房屋典当双方的基本权利义务是用房不交租，用钱不付息。承典人有权支配承典的房屋，不仅有权使用，而且有权出租及转典，获取收益，因此，规定承典人为房产税的纳税人。代管人是接受产权所有人或承典人的委托，代为管理房屋，或虽未受委托而在事实上已代管房屋的人。在产权所有人或承典人不在当地，及产权未定或发生租典纠纷时，就由代管人代为报缴房产税；没有代管人，由直接在使用房屋的使用人代为纳税。

3. 计税依据，分别为房产余值和房屋租金。这里要注意房屋原值的确定，归纳起来有以下五种情况：

(1) 依据纳税人固定资产账户记载的金额确定；

(2) 未计入固定资产账户，但按有关财务制度规定，房屋累计造价已达到固定资产标准的，按累计造价确定；

(3) 无房产原值的自有房屋，由房产所在地税务机关参照管理部门同年代兴建的同类房屋造价核定；

(4) 购买的房屋，按购进的价格确定；

(5) 与房屋不可分割的设备，需计入房产原值（至于房屋的中央空调设备需区别情况：新建房屋交付使用时，如中央空调设备已计算在房屋原值之中的，则房屋原值应包括中央空调设备；如中央空调设备作单项固定资产入账，单独核算并提取折旧，则不计入房产原值）。此外，纳税人对原有房屋进行改建、扩建的，要相应增加房屋的原值。

计税依据还有两项具体规定：

(1) 对于以房屋投资联营的，如投资者参与利润分红、共担风险的，按房屋余值为计税依据；如投资者收取固定收入，不承担联营风险的，实际上是以联营名义取得房屋租金，因此应由出租方按租金收入计税。

(2) 融资租赁房屋，实际上是一种分期付款购买方式，因此以房屋余值计税。其在租赁期内的纳税人，可由地方税务局根据实际情况确定。

4. 免税规定，主要是对某些拥有房屋，但自身没有纳税能力的单位予以免税。此外，为了鼓励事业单位经济自立，原来由财政拨付事业经费的单位实行自收自支后，可从实行自收自支的年度起，免征房产税 3 年。

5. 新建房屋的纳税义务发生时间：

(1) 纳税人自建的房屋，自建成之日的次月起征税。

(2) 纳税人委托施工企业建设的房屋，从办理验收之日的次月起征税。如在办理验收手续前已使用或出租、出借的新建房屋，按规定征税。

6. 税款的核算。企业缴纳的房产税，应通过“应交税费——应交房产税”账户核算。

第二节是契税，应掌握以下要点：

1. 征税范围。契税的征税对象是发生使用权转移的土地和发生所有权转移的房屋。其征税范围，除教材中已讲述的有关内容外，现补充明确以下几点：

(1) 征收范围包括房屋交换。但双方交换价值相等的，免纳契税；如只是房屋使用权交换，不征收契税。

(2) 以房地产作投资和作股转让，视同房屋买卖。但以自有房产作股投入本人经营企业，免纳契税。

(3) 房屋拆料或翻建新房，照章征收契税。

(4) 以无形资产方式承受土地、房屋权属，视同转让。

2. 纳税人为财产承受人，这是一个特点。对承受人（买方）征税，有利于通过法律形式确定产权关系，维护公民合法权益。

3. 税款的核算。企业缴纳的契税不通过“应交税费”账户核算，直接在“管理费用”

账户中列支。如果一次纳税数额较大，可通过“待摊费用”账户摊销。

第三节的车辆购置税，在学习时需注意如下问题：

1. 我国关于费改税的讨论已持续了多年，实施交通和车辆税费改革是针对名目繁多的乱收费现象屡禁不止而进行的收费管理体制改革的重要步骤之一。目的是遏制各种乱收费，从根本上减轻企事业单位和人民群众的经济负担。

开征车辆购置税后，原来的车辆购置附加费取消。车辆购置附加费与车辆购置税在征收对象、征收范围和税率上基本一致。原车辆购置附加费属于中央财政收入，开征车辆购置税后，相应将车辆购置税确定为中央税，由国家税务局征收，收入缴入中央国库，目前暂时由交通部门代征。车辆购置税收入将主要用于我国公路建设，投资计划由交通部提出、国家发改委审批下达，按照“保证重点和向西部地区倾斜”的原则统筹安排。具体来说，将重点用于纳入行业规划的国家干线公路、特大桥梁、隧道，以及具有重要意义的省级干线公路建设，适当安排与上述公路相配套的重点汽车客货站、场设施建设。对西部地区公路建设项目所需资金，将优先安排。为保持政策的连续性，开征车辆购置税后，原由国家批准从车辆购置附加费收入中安排的部分支出，也将继续从车辆购置税收入中予以安排。

2. 在征税环节上应注意，车辆购置税的征税环节为购置应税车辆之后、办理车辆登记注册之前。车辆购置税实行一次性征收制度，而且税款要求一次交清，购置已征车辆购置税的车辆，不再重复征收车辆购置税。

3. 在计税价格上应注意，不同类型应税车辆的最低计税价格，由国家税务总局参照其市场平均交易价格分别加以确定，这一价格随着市场的变化和国家调节市场的需要，会发生变化。当纳税人申报的应税车辆的计税价格低于同类型应税车辆最低计税价格，按照最低计税价格征收车辆购置税。纳税人自购车辆若发票上的价格高于最低计税价格，则按发票价格缴税，若低于最低计税价格，则按最低计税价格缴税。对已经缴纳车辆购置税并办理了登记注册手续的车辆，其发动机或底盘发生更换的，其最低计税价格按同类型新车最低计税价格的70%计算。非贸易渠道进口车辆的最低计税价格，为同类型新车的最低计税价格。

4. 在征税范围上应注意：纳税人申报的挖掘机、平地机、叉车、装载车（铲车）、起重机（吊车）、推土机等工程机械及其他设有固定装置的非运输车辆，代征机构应严格按照交通部印发的《免征车辆购置附加费车辆图册》的范围，审核办理车购税免税手续。我国现行的车辆购置税的征收范围如表10－1所示。

表10－1　车辆购置税征收范围表

应税车辆	具体范围	注　释
汽车	各类汽车	
摩托车	轻便摩托车	最高设计时速不大于50km/h，发动机汽缸总排量不大于50cm³两个或者三个车轮的机动车
	二轮摩托车	最高设计时速大于50km/h，或者发动机汽缸总排量大于50cm³两个车轮的机动车
	三轮摩托车	最高设计时速大于50km/h，或者发动机汽缸总排量大于50cm³，空车重量不大于400kg的三个车轮的机动车

续表

应税车辆	具体范围	注　释
电车	无轨电车	以电能为动力，由专门输电电缆线供电的轮式公共车辆
	有轨电车	以电能为动力，在轨道上行驶的公共车辆
挂车	全挂车	无动力设备，独立承载，由牵引车辆牵引行驶的车辆
	半挂车	无动力设备，与牵引车辆共同承载，由牵引车辆牵引行驶的车辆
农用运输车	三轮农用运输车	柴油发动机，功率不大于 7.4kW，载重量不大于 500kg，最高车速不大于 40km/h 的三个车轮的机动车
	四轮农用运输车	柴油发动机，功率不大于 28kW，载重量不大于 500kg，最高车速不大于 50km/h 的四个车轮的机动车

在第四节车船税中需注意如下问题：

车船税是对车船的所有人和管理人依法征收的一种税。从 2007 年开始征收的车船税与原来的车船使用税相比，已经不是再是兼有行为税性质的税种，而是一种比较典型的财产税。只要依法在车船管理部门登记的车船，都应纳税。外商投资企业和外国企业的车船同样要缴纳车船税。这是车船税与原来的车船使用税最重要的区别。

车船税从量计征。其计税标准有辆、净吨位和自重吨位三种。概括地说，对于车辆，载货汽车和三轮汽车低速货车按自重吨位计征，而载客汽车和摩托车则按辆计征；对于船舶，按净吨位计征。

思考与练习

一、基本概念

1. 房产余值

2. 房产税

3. 契税

4. 车辆购置税

5. 车船税

二、思考与讨论

1. 为什么规定由土地、房屋的承受方缴纳契税？

2. 为什么对纳税人经营自用的房屋，规定按房产余值计征房产税，而不按房产原值或减去已计提的折旧后的净值计税？

3. 为什么要将车辆购置附加费改为车辆购置税？

4. 为什么车辆由各省、自治区、直辖市人民政府在规定的税额幅度内自定适用税额计征车船税？而船舶则由国务院财政部门、税务主管部门确定具体适用税额计征车船税？

三、练习

（一）判断题

1. 所有拥有城镇房屋的单位和个人都是房产税的纳税人。（ ）

2. 一个座落在房产税开征地区范围之内的工厂，其仓库设在房产税开征地区范围之外，这个仓库可不缴纳房产税。（ ）

3. 房产税以产权所有人为纳税人，因此，房产出租的，由出租人缴纳；房产出典的，由出典人缴纳。（ ）

4. 农用拖拉机在购置时，同样应该缴纳车辆购置税。（ ）

5. 私人家庭购买小轿车不用于生产经营的，免征车辆购置税。（ ）

6. 甲某购买乙某一处房产，随即拆除，以取得该房屋的建筑材料和地皮，用于自建新房，因此不需缴纳房屋契税。（ ）

7. 房屋产权相互交换，双方交换价值相等的，免纳契税；其价值不相等的，原有房产价值小的一方，不仅要给原有房产价值大的一方支付差价款，还要按超出部分缴纳契税。（ ）

8. 将房地产赠与直系亲属，赠送人不需缴纳土地增值税；但受赠人应依法缴纳契税，并对所取得的房产依法逐年缴纳房产税。（ ）

9. 对国有土地使用权的出让不征收土地增值税，但要征收契税。（ ）

10. 农村房屋不属于房产税的征税范围；农村买卖房屋也不用缴纳契税。（ ）

11. 对外商投资企业和来华工作的外籍人员购置车辆行驶于境内公共道路的，不征收车船税。（ ）

12. 新建建筑物安装的中央空调设备，已计算在房产原值中的，应征收房产税；旧建筑物安装中央空调设备，一般作单项固定资产处理，不征收房产税。（ ）

13. 纳税人对原有房屋进行改建、扩建的，要相应增加房屋的原值。（ ）

14. 土地、房屋被县级以上人民政府征用、占用后，重新承受土地、房屋权属的，免征契税。（ ）

15. 城镇职工购买公有住房的，免征契税。（ ）

16. 车辆购置税的纳税人中应包括外商投资企业和外国公民。（ ）

17. 车辆购置税实行多次课征制。（ ）

18. 新购置的车辆如果暂不使用，可不申报缴纳车船使用税。（　）

19. 应征收车船税的车船，是指依法应当在车船管理部门登记的车船。（　）

20. 车船税以车辆登记注册机构为机动车车船税的扣缴义务人。（　）

（二）单项选择题

1. 房屋购买行为，按规定必须缴纳的税收有（　）。

A. 营业税　　B. 土地增值税

C. 房产税　　D. 契税

E. 城市维护建设税

2. 房屋出租行为，按规定需缴纳的税收有（　）。

A. 土地增值税　　B. 房产税

C. 契税　　D. 土地使用税

3. 房屋赠与行为，按规定需缴纳的税收有（　）。

A. 营业税　　B. 房产税

C. 契税　　D. 城市维护建设税

4. 以下应缴纳房产税的项目有（　）。

A. 集团公司的仓库　　B. 合伙企业的露天游泳池

C. 股份制企业的围墙　　D. 工厂的独立烟囱

E. 企业的水塔

5. 某单位有办公用房一幢，房产价值为5 000万元。本年度将其中的1/4对外出租，取得租金收入100万元。该省统一规定计算房产余值时的减除幅度为20%，该单位当年应纳的房产税为（　）万元。

A. 12　　B. 36

C. 48　　D. 60

E. 75

6. 对以房产投资，收取固定收入，应由（　）计缴房产税。

A. 承租方按租金收入　　B. 出租方按租金收入

C. 承租方按房产余值　　D. 出租方按房产余值

7. 下列情况中不缴纳房产税的是（　）。

A. 工厂的生产用房　　B. 居民自用住房

C. 个人开办的小卖部用房　　D. 学校出租的房屋

E. 公园内名胜古迹的房屋

8. 契税的纳税地点是（　）。

A. 企业的核算地　　B. 纳税人的居住地

C. 单位的注册地　　D. 土地房屋所在地

E. 纳税人的所在地

9. 甲乙双方发生房屋交换行为，当交换价格相等时，契税（　）。

A. 由甲方缴纳　　B. 由乙方缴纳

C. 由甲乙双方各缴一半　　D. 甲乙双方都不缴纳

E. 甲乙双方都应缴纳

10. 参照市场上同类土地、房屋价格计算应纳契税的项目有（ ）。

A. 等价交换房屋　　B. 国有土地使用权出让

C. 土地使用权出售　　D. 受赠房屋

E. 房屋买卖

11. 我国现行的车辆购置税实行（ ）统一比例税率。

A. 5%　　B. 10%

C. 15%　　D. 20%

E. 30%

12. 下列车辆不征收车辆购置税的是（ ）。

A. 公共汽车　　B. 农用拖拉机

C. 军队装备用车　　D. 国家机关用车

E. 自行车

13. 下列情况中不征收契税的是（ ）。

A. 外商投资企业购买的房屋　　B. 外籍个人购买的房屋

C. 国家公务员购买的房屋　　D. 国家机关购买的房屋

E. 教师购买的房屋

14. 某企业本年 5 月份有自重吨位为 0.6 吨的货车停运后重新使用，则当年该车应纳车船税为（ ）元（适用单位税额为 42 元/吨）。

A. 14　　B. 24

C. 42　　D. 28

E. 36

15. 下列单位或个人中，不是房产税纳税人的是（ ）。

A. 代管人　　B. 出典人

C. 承租人　　D. 使用人

E. 承典人

（三）多项选择题

1. 在房产税开征地区的下列房屋需缴纳房产税的是（ ）。

A. 国有企业生产用厂房

B. 军队机关出租的房屋

C. 个人私有住房

D. 由财政拨付部分事业经费的单位从事经营的房屋

E. 纳税人无偿使用免税单位的房屋

2. 下列对房产税纳税人的确定正确的是（ ）。

A. 房屋产权属集体所有的，由集体单位纳税

B. 房屋产权属国家所有的，由使用人纳税

C. 房屋出租的，由出租人纳税

D. 房屋出典的，由出典人纳税

E. 房屋产权归属不清的，由代管人纳税

3. 下列应税房屋应按房屋余值计税的有（　　）。

A. 企业单位自用的房屋

B. 事业单位用于经营的房屋

C. 融资租赁的房屋

D. 以房屋投资联营，参与投资利润分红、共担风险的

E. 承典的房屋

4. 下列土地、房屋权属转移行为中，需缴纳契税的有（　　）。

A. 国有土地使用权的出让

B. 以房屋作价投资入股

C. 以房屋产权抵债

D. 以获奖方式取得房屋产权

E. 以金银首饰等物品交换房屋

5. 下列房屋产权转移行为中，不缴纳契税的有（　　）。

A. 房屋的继承

B. 房屋使用权的交换

C. 家庭成员因分家将原共同占有的房屋产权分为若干份，转移归各成员所有

D. 租赁房屋

E. 出典期满，出典人用典价赎回原房产

6. 下列土地、房屋权属转移行为，可免缴契税的是（　　）。

A. 社会团体购买办公大楼

B. 残疾人购买住房

C. 城镇职工在国家规定标准面积以内第一次购买公有住房

D. 企业兼并的房屋产权变更

E. 转让农村集体土地承包经营权

7. 下列对契税应税行为的计税依据的确定，正确的是（　　）。

A. 以获奖方式取得房屋的行为，由征收机关参照当地房屋买卖的市场价格核定计税依据

B. 房屋交换行为，以房屋的价格差额为计税依据

C. 房屋买卖行为以成交价值为计税依据

D. 国有土地使用权出让行为，以缴纳的土地出让金为计税依据

E. 以房地产作价投资行为，以所作价格为计税依据

8. 下列各种车船属于车船税征税范围的是（　　）。

A. 火车

B. 渔船

C. 出租小汽车

D. 来华工作的外籍人使用的小汽车

E. 用于农业生产的拖拉机

9. 车船税以自重吨位为计税依据的有（　　）。

A. 轮船

B. 载货汽车

C. 拖轮

D. 机动车挂车

E. 三轮汽车低速货车

10. 下列在境内行驶的船舶中，按规定需缴纳车船税的有（　　）。

A. 清洁船　　B. 游船
C. 工程船　　D. 渡船
E. 载重量超过一吨的渔船

11. 房屋买卖行为，按规定需缴纳的税收有（　　）。
A. 营业税　　B. 土地增值税
C. 房产税　　D. 契税
E. 印花税

12. 房屋租赁行为，按规定需缴纳的税收有（　　）。
A. 营业税　　B. 土地增值税
C. 房产税　　D. 契税
E. 城市维护建设税

13. 下列各项中，暂免征收房产税的有（　　）。
A. 房管部门向居民出租的公有住房　　B. 文化体育单位出租的公有住房
C. 用地下人防设施开办的商店　　D. 个人对外出租经营的自有住房
E. 某单位正在大修的已停用 9 个月的礼堂

14. 以下房产税的纳税人可以是（　　）。
A. 房产的所有人　　B. 房产的使用人
C. 房产的承典人　　D. 房产的代管人
E. 房产的出典人

15. 在下列各项中，应当征收房产税的有（　　）。
A. 城市居民出租的房产　　B. 城市居民投资联营的房产
C. 城市居民所有的自住用房　　D. 城市居民拥有的营业用房
E. 城市居民的闲置房屋

16. 契税的纳税人可以是（　　）。
A. 外籍人员　　B. 政府官员
C. 个体经营者　　D. 教师
E. 军事单位

17. 以成交价格为契税计税依据的交易有（　　）。
A. 等价交换房屋　　B. 国有土地使用权出让
C. 土地使用权出售　　D. 受赠房屋
E. 以实物交换房屋

18. 车辆购置税的应税行为具体包括（　　）。
A. 购买使用行为　　B. 进口使用行为
C. 受赠使用行为　　D. 自产自用行为
E. 获奖使用行为

（四）计算题

1. 某国有企业上年购入一栋房屋，原值 200 万元，本年 1 月以融资租赁方式将其租赁给另一企业，租期 7 年，年租金 40 万元。

要求：计算该企业本年应缴纳的房产税（该企业所在省规定允许按房产原值一次扣除20%）。

2. 某国家机关与某银行的市分行出资合建一座办公大楼，建成后各分一半作办公用房，其房产原值为1.2亿元。

要求：计算纳税人应缴纳的房产税（当地规定允许扣除房产原值的20%）。

3. 甲乙双方共同合作投资办厂，甲方以原厂房作为投资，房产原价为500万元；乙方出资400万元。双方商定，不论今后盈利状况如何，甲方每年可得到固定回报50万元。

要求：计算甲方应纳的房产税（当地规定允许扣除房屋原值的30%）。

4. 某外商投资企业接受某国有企业以房产投资入股，市场价格为100万元；同年又以自有房产与另一企业交换一处房产，支付差价款300万元；当年经政府有关部门批准取得一块土地，缴纳出让金150万元。

要求：计算该企业应缴纳的契税税额（当地契税税率为5%）。

5. 某纳税人以12万元的价格（不含增值税）购买了一辆神龙富康轿车自用，在他购车之后未办理纳税手续之前，国家规定该车车辆购置税最低计税价格从11.3万元降到8.5万元。

要求：计算该纳税人应缴纳的车辆购置税。

6. 某运输公司本年共有各种车124辆。其中，载货汽车100辆（自重2吨的60辆，自重3吨的40辆）；载货拖车20辆（自重1吨的10辆，自重1.3吨的10辆）；载客大客车2辆（60座），小客车2辆（5座1辆，12座1辆）。所在省规定车辆年税额为：载客汽车10人以下的，每辆180元；11～13人的，每辆240元；31人以上的，每辆300元；载货汽车每吨60元。

要求：计算该公司当年应缴纳的车船税。

第十一章

印花税、烟叶税、城市维护建设税和教育费附加

学习指导

在第一节中，首先简要地说明印花税是一个征收面越来越广泛的税种，虽然税率低，但具有广集资金、积少成多的财政效应。印花税由纳税人自行完纳税收义务，与其他税种的缴纳方法有较大区别。它虽是一个小税种，但由于经济凭证的复杂多样，使得印花税的征税范围和计税依据有一定的复杂性。

然后重点介绍印花税制的主要内容。具体应把握：

1. 征税范围。税法列举的应税凭证分为五个大类，共有13个税目，应尽可能具体地了解它们所包含的内容。

(1) 经济合同和具有合同性质的凭证是一个大类。关键在于掌握合同的概念。税目共列举了十类。其中：

①购销合同的征税范围除适用税率表中列举的项目外，还包括各出版单位与发行单位之间订阅的图书、报刊、音像征订凭证。对于工业、商业、物资、外贸等部门经销和调拨商品、物资供应的调拨单等各种名称单、卡、书、表，需区分其性质和用途，即看它是作为部门内执行计划使用，还是代替合同使用，以确定是否贴花。凡是明确双方供需关系，据以供货和结算，具有合同性质的凭证，应依法纳税。

②财产租赁合同，还包括企业、个人出租商店、柜台等所签订的合同。但不包括企业与主管部门签订的经营性商店租赁承包合同。

③仓储保管合同，还包括作为合同使用的仓单、栈单（或称入库单）。对某些不规范的凭证，可就其结算单据作为计税凭证。

④技术合同，技术转让合同包括专利申请转让、非专利技术转让所书立的合同。但不包括专利权转让、专利实施许可所书立的合同，这些应属于“财产权转移书据”。技术咨询合同是合同当事人就有关项目的分析、论证、评价、预测和调查订立的技术合同。而一般的法律、会计、审计等方面的咨询不属于技术咨询，其所立合同不贴印花。技术培训合同包括技术服务合同、技术培训合同（不包括各类职业培训、文化学习、职工业余教育等订立的合同）、技术中介合同。

此外，办理一项业务（如货物运输、仓储保管、财产保险、银行借款），同时书立合同

和开立单据的，只就合同贴花；不书立合同，只开立单据，以此作为合同使用的，就单据贴花。

（2）财产转移书据，是在产权的买卖、交换、继承、赠与、分割等产权主体变更过程中，由产权出让人与接受人之间所订立的民事法律文书。税目中列举了5项，其中财产所有权转移书据，是指经政府管理机关登记注册的不动产、动产的所有权转移所书立的书据，包括股份制企业向社会公开发行的股票，因购买、继承、赠与所书立的产权转移书据。其余事项属无形资产的产权转移书据。土地使用权出让、转移书据（合同），不属于列举的应税凭证。

（3）营业账簿的征税范围还须明确：

①是指按照财务会计制度的要求设置、反映生产经营活动的账册。

②其征税范围不是按立账簿人员是否属于经济组织来划分，而是按账簿的经济用途来确定。

③对采用一级核算形式的单位，只就财会部门设置的账簿贴花；采用分级核算形式，除财会部门的账簿贴花外，财会部门设置在其他部门和车间的明细分类账也要贴花。

④对采用单页表式记载资金活动情况，以表代账的，在形成账簿（册）之前，暂不贴花；待装订成册时，再按册贴花。

⑤跨地区经营的分支机构使用的营业账簿，由各分支机构在其所在地纳税。对上级单位核拨资金的分支机构，其记载资金的账簿，按核拨的账面资金数额计税；上级单位不核拨资金，只就其账簿按定额贴花。

⑥国有、集体企业兼并中，对并入单位的资产，已按资金总额贴花的，接受单位对并入的资金可不再贴花。

（4）应税凭证是指在我国境内具有法律效力，受国家法律保护的凭证，而不论其是在境内或境外书立。同时，各类凭证不论以何种形式或名称书立，只要其性质属于条例中列举征税范围以内的，都要依法纳税。

2. 纳税人。按征税范围划分，具体包括五种人。其中，订立各种财产转移书据的立据人，如未贴花或少贴花，由书据的持有人负责补贴印花；所立书据以合同方式签订的，由持有书据的各方分别按全额贴花。

3. 税率。应该明确印花税有比例税率和定额税率两种税率形式，同时还要注意印花税的比例税率都较低，采用的是千分比或万分比的形式。定额税率一律按件5元定额贴花。此外，还要明确各种税率的具体适用范围，熟悉“印花税税目税率表”的内容。

应注重应纳税额的计算这一部分，其中尤其要注意购销合同（特别是调剂合同和易货合同）、加工承揽合同、货物运输合同、借款合同、技术合同，以及若干特殊凭证的计税依据的确定。

在征纳程序方面，除教材已有详细讲述的以外，还须了解：

1. 纳税地点，一般实行就地（行为发生地）纳税。如合同在国外签订，且不便在国外贴花的，则在合同带入境时办理纳税手续。对全国性商品物资订货会（展销会、交易会等）上所签订的合同，由纳税人回到其所在地后办理纳税。对地方上主办、不涉及省际关系的订货会、展销会上签订的合同，其纳税地点由各省级政府自行确定。

2. 企业记载资金的账簿一次贴花数额较大，经主管税务机关批准，可允许三年内分次贴足印花；经营期不足三年的企业，在经营期内贴足印花。

在第二节烟叶税中，首先要明确的是烟叶税是在2006年取消农业税，相应地取消农业特产农业税以后，为保持对烟叶的税负，缓解烟叶产区地方财政困难，而开征的一个税种。

在烟叶税的内容中重点了解该税种是对收购晾晒烟叶和烤烟叶的单位，依据其收购的金额（包括烟叶收购价款和价外补贴），按照20%的税率征收的一种税。

第三节，城市维护建设税和教育费附加。应注意明确其概念、作用，掌握其计征依据和计征比率。城市维护建设税和教育费附加两者的计征依据都是纳税人缴纳的增值税、消费税、营业税等三税的税额之和，具有明显附加税（费）特点，这与其他税种有显著区别。两者的另一个共同特点是都具有明显的专款专用性质，城市维护建设税用于城市的维护和建设，教育费附加用于发展地方教育事业，改善中小学教学设施和办学条件。

思考与练习

一、基本概念

1. 印花税

2. 烟叶税

3. 城市维护建设税

4. 教育费附加

二、思考与讨论

1. 征收印花税有何意义？

2. 印花税有什么特点？

3. 印花税的缴纳方法是怎样规定的？

4. 我国为什么要征收烟叶税？

5. 烟叶税的主要内容是什么？

三、练习

（一）判断题

1. 施工单位在签订建筑工程承包合同时，已按承包总金额计算缴纳了印花税，因此，施工单位将承包的工程再分包或转包给其他单位时，其所签订的分包或转包合同，不需再按所载金额另行贴花。（　　）

2. 纳税人书立应税合同时已按规定缴纳了印花税，如该合同没有兑现，税务机关应退还其已纳税款。（　　）

3. 企业发生分立、合并和联营等变更后，即使不需办理法人登记，其原有资金账簿已贴的印花税不再有效。（　　）

4. 一份合同由两方或两方以上当事人共同签订，签订合同的各方都是印花税的纳税人，各方都应按合同所记载金额计算的应纳税额纳税。（　　）

5. 规定按金额计税的应税凭证，如只载明数量，未标明金额的，可定额征收印花税。（　　）

6. 按比例税率计算，其应纳印花税额不足 1 角的，免税；财产租赁合同应纳税额超过 1 角不足 1 元的，按 1 元贴花。（　　）

7. 已缴纳印花税的凭证副本，不再纳税；但已税正本遗失或毁损，而以副本替代使用的，副本也应另行贴花。（　　）

8. 在应税凭证上未贴或少贴印花税票的，税务机关除责令其补贴印花税票外，可处以其应纳印花税额 3 ~ 5 倍的罚款。（　　）

9. 两家外国企业的代表来我国参加某项技术研讨会，在会上双方签订了一项技术开发合同，因合同于我国境内签发，双方应按规定缴纳印花税。（　　）

10. 易货合同是一项既购又销的双重经济行为的合同，应按易货总额计算。（　　）

11. 烟叶税的纳税人为在我国境内从事烟叶生产的单位。（　　）

12. 城市维护建设税按纳税人实际缴纳的消费税、增值税或营业税税额计征，对纳税人所缴“三税”所处的滞纳金和罚款，也是城建税的计税依据。（　　）

13. 进口货物按规定由海关代征增值税、消费税，不征收城建税；出口货物按规定退还增值税、消费税的，不退还已纳的城建税。（　　）

（二）单项选择题

1. 某企业 2009 年资本账簿记载实收资本累计 500 万元，资本公积 400 万元。该企业 2008 年资金账簿已贴印花税票 2 000 元，则该企业 2009 年应纳印花税为（　　）。

A. 0 元　　B. 2 000 元
C. 2 500 元　　D. 4 500 元

2. 某建筑安装工程公司与某大厦筹建处签订了承包金额为 8 000 万元的工程承包合同后，又将其中 3 000 万元工程分包给另一建筑公司，并与之签订了分包合同，则该建筑安装工程合同应纳的印花税税额为（　　）。

A. 0.9 万元　　B. 1.5 万元
C. 2.4 万元　　D. 3.3 万元

3. 永安汽车修配厂与机械进出口公司签订购买价值 2 000 万元的测试设备合同，为购买此设备又与某工商银行签订借款 2 000 万元的借款合同。后因故购销合同作废，改签融资租赁合同，租赁费 1 000 万元。至此，该厂共应缴纳印花税为（　　）。

A. 1 500 元　　B. 6 500 元

C. 7 000 元　　D. 17 500 元

4. 我国现行烟叶税的税率为（　　）。

A. 5%　　B. 15%

C. 20%　　D. 30%

（三）多项选择题

1. 下列从事商事活动、产权转移等行为所书立、领受的凭证，属于印花税应税凭证的是（　　）。

A. 某国有企业与国外一家企业签订的供货合同

B. 在境内设立机构的两家外国企业之间签订的技术转让合同

C. 两家企业下属不具备独立民事主体资格的车间之间签订的技术服务合同

D. 企业与主管部门签订的租赁承包合同

E. 建筑工程总承包公司与分包公司签订的分包合同

2. 下列凭证中，不属于印花税应税凭证的是（　　）。

A. 会计师事务所与某单位签订的会计咨询合同

B. 银行同业拆借所签订的借款合同

C. 土地使用权转让书据

D. 税务师事务所与委托单位之间签订的委托税务代理合同

E. 出版单位与发行单位之间订立的图书征订凭证

3. 参与合同签订活动的下列人员中，负有纳税义务的是（　　）。

A. 合同的当事人　　B. 合同的保证人

C. 合同的证人　　D. 合同当事人的代理人

E. 合同的鉴定人

4. 下列账簿中，属于印花税征税范围的是（　　）。

A. 实行企业化管理的事业单位，反映生产经营活动的账簿

B. 企业单位内部职工食堂的经营收支账簿

C. 实行分级核算形式的单位，财会部门设在其他部门和车间的明细分类账

D. 由国家财政拨付部分事业经费的事业单位，记载经营业务的账簿

E. 跨地区经营的企业其分支机构使用的营业账簿

5. 下列对印花税计税依据的确定，正确的是（　　）。

A. 由受托方提供原材料的加工、定做合同，无论何种情况，均就合同全部金额按加工承揽合同计税

B. 国内各种形式的货物联运合同，凡在起运地统一结算全程运费的，以全程运费为计税依据

C. 财产保险合同以投保金额为计税依据

D. 技术开发合同，只就合同中所载的报酬金额计税

E. 记载资金的营业账簿，以实收资本和资本公积的合计金额为计税依据

6. 下列应税凭证中，可以免纳印花税的有（　　）。

A. 国家收购部门与村委会签订的农产品收购合同

B. 无息、贴息贷款合同

C. 国际金融组织向我国企业提供的优惠贷款所书立的合同

D. 合同的副本或抄本

E. 牧业畜类保险合同

7. 下列借款合同的计税依据，正确的是（　　）。

A. 流动资金周转性借款合同，以规定的最高限额为计算依据

B. 一项借款业务既签订借款合同又开借据的，分别以借款合同所载金额和借据金额计税

C. 融资租赁合同，按合同所载租金总额计税

D. 财产抵押贷款合同，按抵押的财产价值计税

E. 基本建设贷款，先按年度用款计划分年签订借款合同，最后一年再按总概算签订借款总合同的，只就其借款总合同的金额计税

（四）计算题

1. 某市第一建筑安装公司与某局签订了一份承包新建办公大楼的合同，承包总金额为2 800万元。第一建筑安装公司又将工程中的内部装修部分转包给美雅装修公司，双方签订的金额为200万元的转包合同。

要求：计算各方应纳的印花税税额。

2. 成都市丹尼服装公司向日本出口一批服装，与成都公路运输公司、重庆内河运输公司和日本的某远洋运输公司签订了货物联运合同。合同规定，服装公司在成都向公路运输公司一次结算国内运费6.4万元，由成都公路运输公司与重庆内河运输公司自行分配；服装公司另向日本远洋运输公司支付国际运费8 000美元（折合人民币6.64万元）。

要求：计算以上各方应纳的印花税税额。

3. 2009 年 1 月，某工厂与当地一家银行签订了流动资金周转性借款合同，议定在 2009 年中，工厂可以随时向银行借款，但借款余额不能超过 60 万元。在 2009 年的实际经营中，工厂于 2 月份借款 40 万元，4 月份还款 30 万元，6 月份又借 15 万元；7 月份因一笔货款未能收回，向银行借款 55 万元，超出限额部分另行签订借款合同，10 月份收回货款归还银行借款 70 万元。

要求：计算工厂和银行各自应纳的印花税税额。

第十二章

税务管理

学习指导

本章讲述了纳税人在履行纳税义务的过程中所必须经过的税务管理流程，也是税务机关为保证国家税收收入的实现，在日常征收管理中所实施的基本管理制度和管理行为。

本章内容的实务操作性比较强，建议教与学中阅读并填制一些相关的表证，如：税务登记（包括开业、注册、变更、注销登记）表、发票领购申请审批表、税收缴款书（包括通用和专用缴款书）、税收（出口货物专用）缴款书、纳税定额申请核定表、代扣代收代缴税款凭证、退税申请表、增值税一般纳税人申请审核表，以及填开发票，等等。

第一节是本章的重点。对于纳税人来说，进行纳税登记意味着必须接受税务机关的监督管理，同时取得了合法的地位，享有依法获得税务服务、领购发票、行政复议、减免退税的权利，并应履行税收法律、法规所要求承担的各项纳税义务。

在这一节的学习中，要求重点掌握如下内容：一是纳税登记的含义、种类和内容。因办理税务登记的目的不同，税务登记可分为开业税务登记、变更税务登记、注销税务登记和歇业停业税务登记、外出经营报验登记等几种情况。二是开业税务登记、变更税务登记、注销税务登记、歇业停业税务登记和外出经营报验登记的基本程序（参考图 12－1 至图 12－5）。

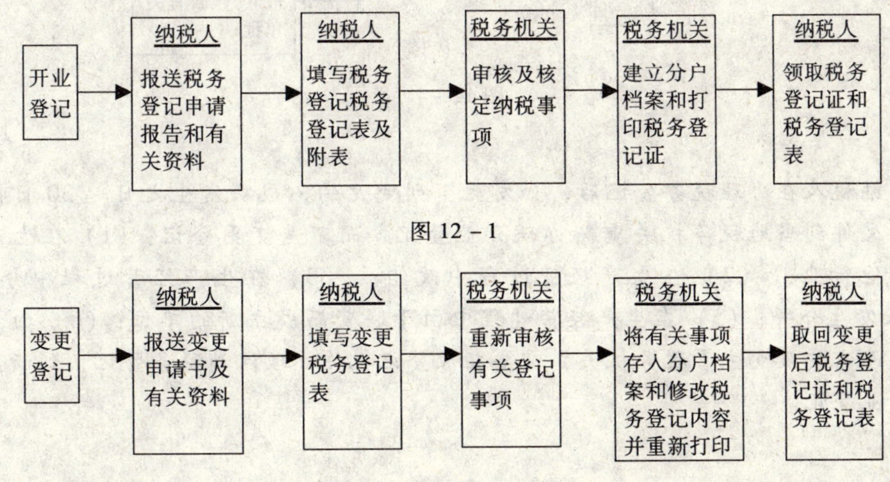

图 12－1

图 12－2

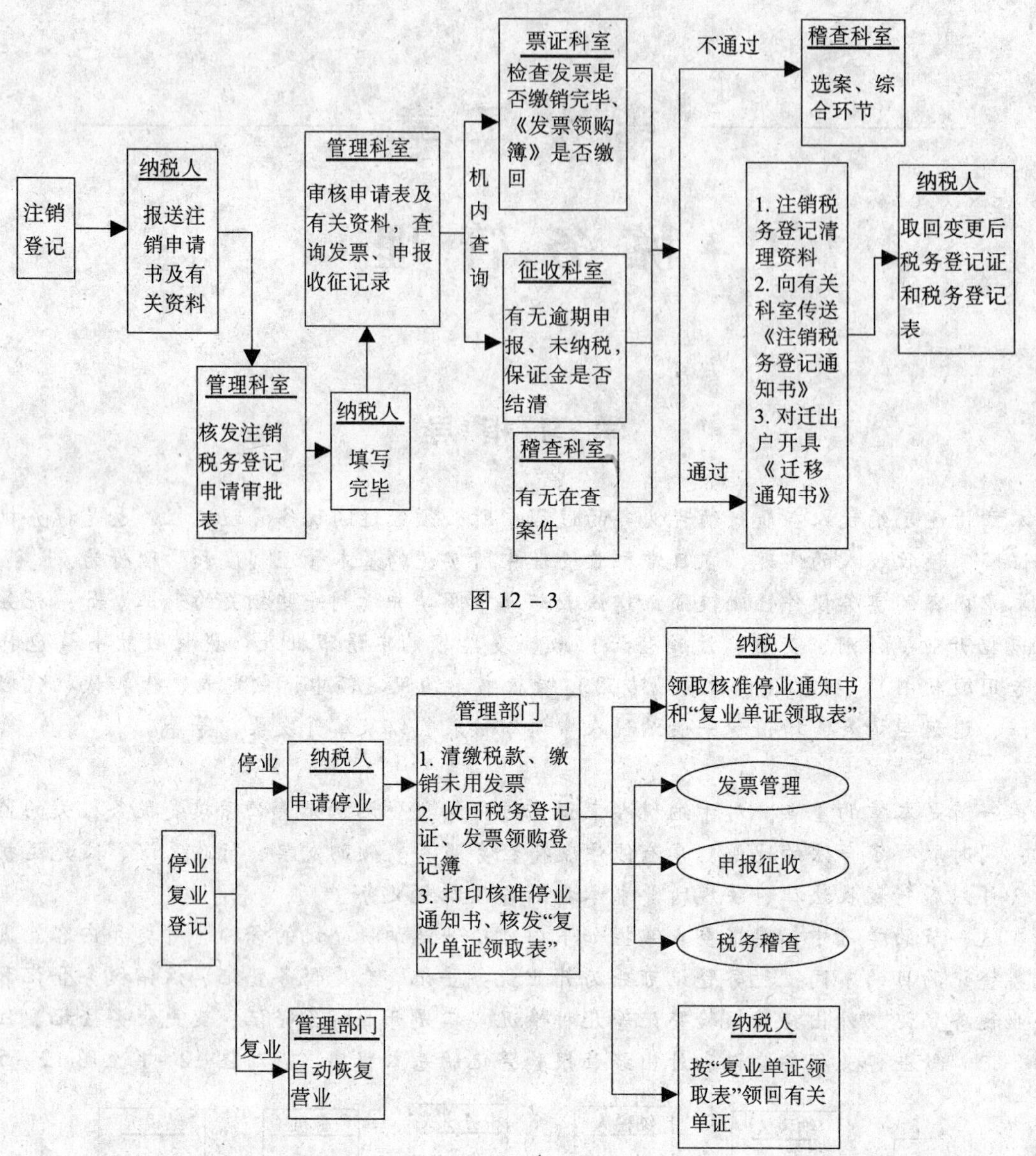

图 12－3

图 12－4

注意：纳税人在办理税务登记后，如发生下列变化的，应从发生之日起 30 日内持有关证件和批准文件到当地税务机关重新办理开业登记，而不是变更登记：(1) 在生产经营过程中转营其他行业；(2) 在生产经营过程中改组；(3) 在生产经营过程中分设机构；(4) 纳税人发生合并；(5) 在生产经营过程中由于联营而成立新的单位；(6) 由于改变经营地点等，而需要改变主管税务机关，需要在原登记机关办理注销税务登记，到新主管税务机关办理开业登记。

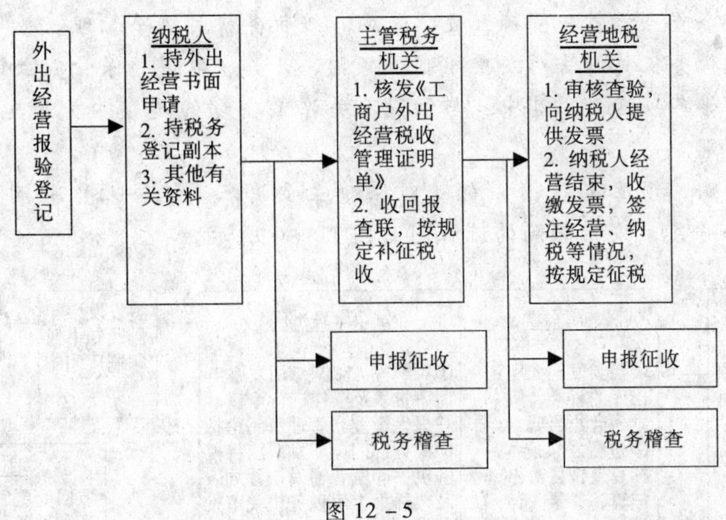

图 12－5

第二节所说的账簿、凭证是指纳税人进行生产经营管理中发生的原始凭证和记账凭证，不包括税务机关向纳税人征收税款或纳税人向国家金库缴纳税款所使用的专用凭证，如税收完税凭证、税收专用或通用缴款书、专用扣税凭证、税票调换证等。纳税人凭证、账簿管理主要包括三方面内容：

1. 按有关规定建账（包括建账范围和时间要求）。

2. 建立备案制度，即纳税人的财务、会计制度或者财务、会计处理办法和会计核算软件，应当报送主管税务机关备案。

3. 保管好会计档案。

按照目前有关法律规定，会计档案保管期限如表 12－1 所示。

表 12－1　　企业和其他组织会计档案保管期限表

序　号	档案名称	保管期限	备　注
一	会计凭证类		
1	原始凭证	15 年	
2	记账凭证	15 年	
3	汇总凭证	15 年	
二	会计账簿类		
4	总账	15 年	包括日记总账
5	明细账	15 年	
6	日记账	15 年	现金日记账和银行存款日记账 25 年
7	固定资产卡片		固定资产报废清理后 5 年
8	辅助账簿	15 年	
三	财务报告类		包括各级主管部门
9	月、季度财务报告	3 年	包括文字分析
10	年度财务报告（决算）	永久	包括文字分析
四	其他类		
11	会计移交清册	15 年	
12	会计档案保管清册	永久	
13	会计档案销毁清册	永久	
14	银行存款余额调节表	5 年	
15	银行对账单	5 年	

发票的管理是个重点。首先明确，发票是由各级税务机关统一管理。

发票管理就是税务机关依法对发票印制、领购、开具、取得、保管、缴销的全过程进行组织、协调、监督等各项活动。其中，与纳税人关系最密切的是领购、开具、保管、缴销，以及发票管理的罚则。

关于发票的领购，须注意：（1）领购对象（主要有三类）；（2）领购中的保证制度；（3）领购的要求和手续。发票领购的流程图如图 12－6 所示。

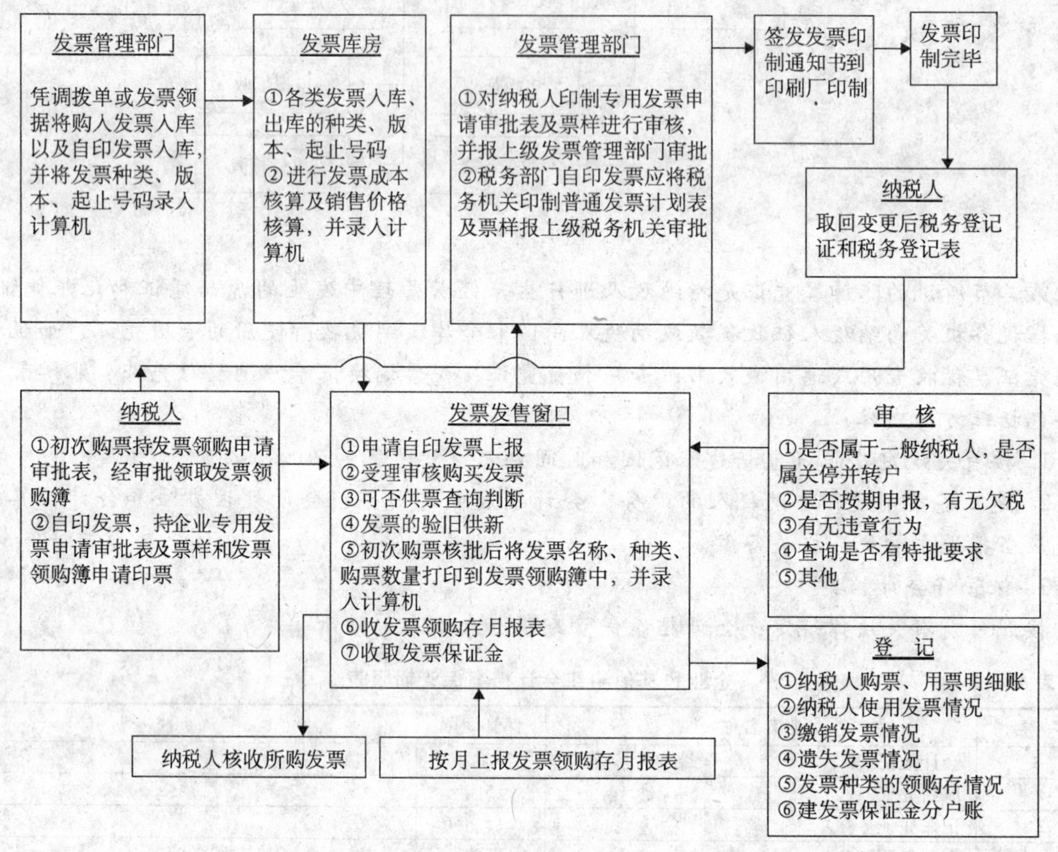

图 12－6　发票领购流程图

发票开具的基本原则是“都开都要”。要懂得开具发票的规范要求，包括开具的时限、具体要求和红字发票的管理等。

发票的保管要了解：空白发票的保管、作废发票的保管、发票存根的保管，以及发票丢失的处理。

发票缴销的情况和程序如图 12－7 所示。

第三节纳税申报和税款缴纳是重点。

1. 纳税人自行纳税申报，是当前税收征管改革的目标之一，是新的征管模式的基础和首要环节，有利于培养纳税人主动纳税的意识。现行《刑法》规定：税务机关通知申报而拒不申报或进行虚假纳税申报，致使不缴或少缴应纳税款的行为，列为偷税行为之一。学习中须加深对纳税申报重要性的认识。在此基础上，掌握纳税申报的对象、内容、方式、期限。

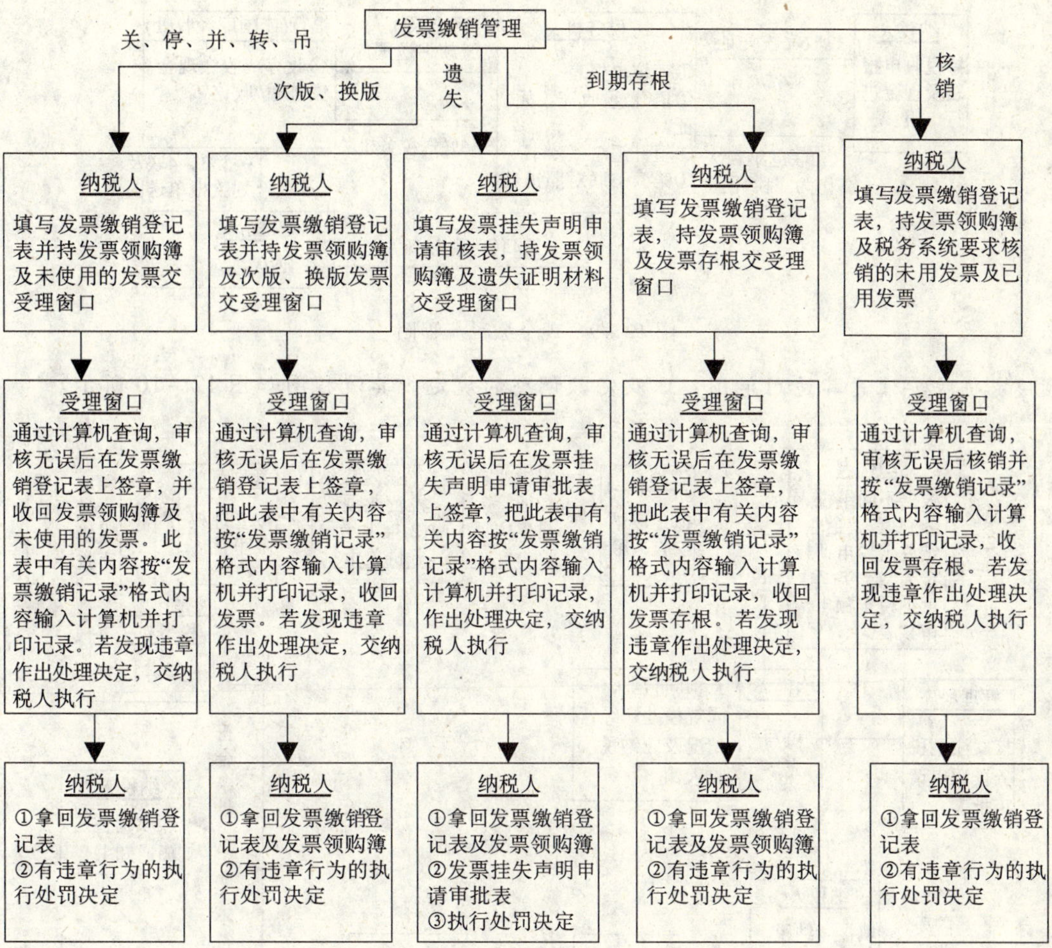

发票缴销管理
关、停、并、转、吊
次版、换版
遗失
到期存根
核销
纳税人
填写发票缴销登记表并持发票领购簿及未使用的发票交受理窗口
纳税人
填写发票缴销登记表并持发票领购簿及次版、换版发票交受理窗口
纳税人
填写发票挂失声明申请审核表，持发票领购簿及遗失证明材料交受理窗口
纳税人
填写发票缴销登记表，持发票领购簿及发票存根交受理窗口
纳税人
填写发票缴销登记表，持发票领购簿及税务系统要求核销的未用发票及已用发票
受理窗口
通过计算机查询，审核无误后在发票缴销登记表上签章，并收回发票领购簿及未使用的发票。此表中有关内容按“发票缴销记录”格式内容输入计算机并打印记录。若发现违章作出处理决定，交纳税人执行
受理窗口
通过计算机查询，审核无误后在发票缴销登记表上签章，把此表中有关内容按“发票缴销记录”格式内容输入计算机并打印记录，收回发票。若发现违章作出处理决定，交纳税人执行
受理窗口
通过计算机查询，审核无误后在发票挂失声明申请审批表上签章，把此表中有关内容按“发票缴销记录”格式内容输入计算机并打印记录，作出处理决定，交纳税人执行
受理窗口
通过计算机查询，审核无误后在发票缴销登记表上签章，把此表中有关内容按“发票缴销记录”格式内容输入计算机并打印记录，收回发票存根。若发现违章作出处理决定，交纳税人执行
受理窗口
通过计算机查询，审核无误后核销并按“发票缴销记录”格式内容输入计算机并打印记录，收回发票存根。若发现违章作出处理决定，交纳税人执行
纳税人
①拿回发票缴销登记表
②有违章行为的执行处罚决定
纳税人
①拿回发票缴销登记表及发票领购簿
②有违章行为的执行处罚决定
纳税人
①拿回发票缴销登记表及发票领购簿
②发票挂失声明申请审批表
③执行处罚决定
纳税人
①拿回发票缴销登记表及发票领购簿
②有违章行为的执行处罚决定
纳税人
①拿回发票缴销登记表
②有违章行为的执行处罚决定

图 12－7　发票缴销的情况和程序

2. 税款缴纳，包括两部分内容：

(1) 税款缴纳方式和程序。其中，自核自缴方式的流程如图 12－8、图 12－9 所示。

纳税人
①填制税收缴款书
②保存第1联为完税凭证
缴款书送开户行
纳税人开户银行
在各联盖“收讫”章，留存第2联，并从纳税人账户划出税款
第1、5联退纳税人
持第5联纳税申报表及有关资料申报
第3、4联及划款报单送国库
税务机关
①受理申报
②审核纳税情况
③与国库对账
第4联送税务机关
国库
①留存第3联
②划入税款

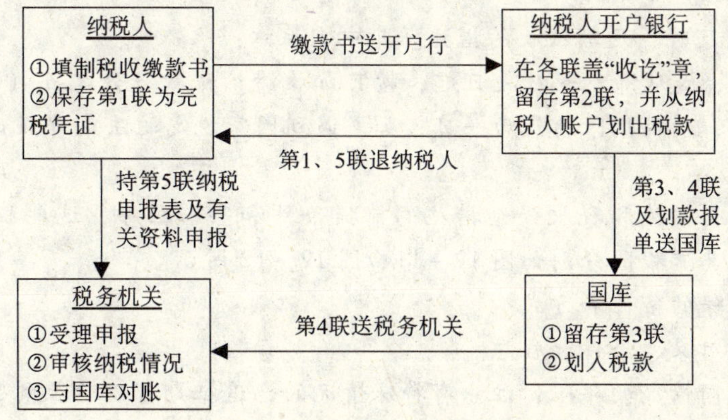

图 12－8　转账划款缴税流程图

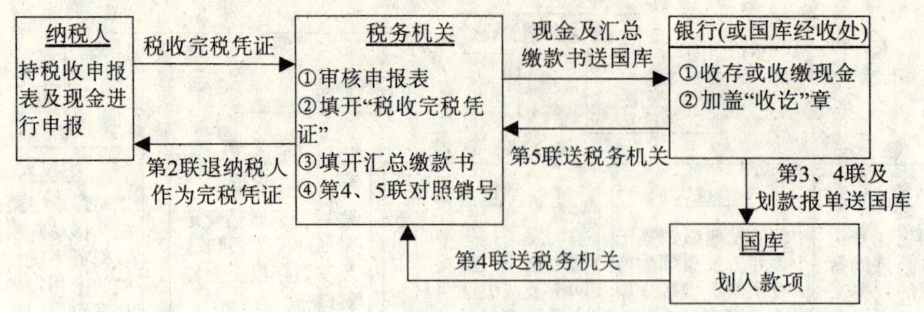

图 12－9　现金缴税流程图

核定征收要注意其适用范围，以及定额调整的规定。其流程图如图 12－10 所示。

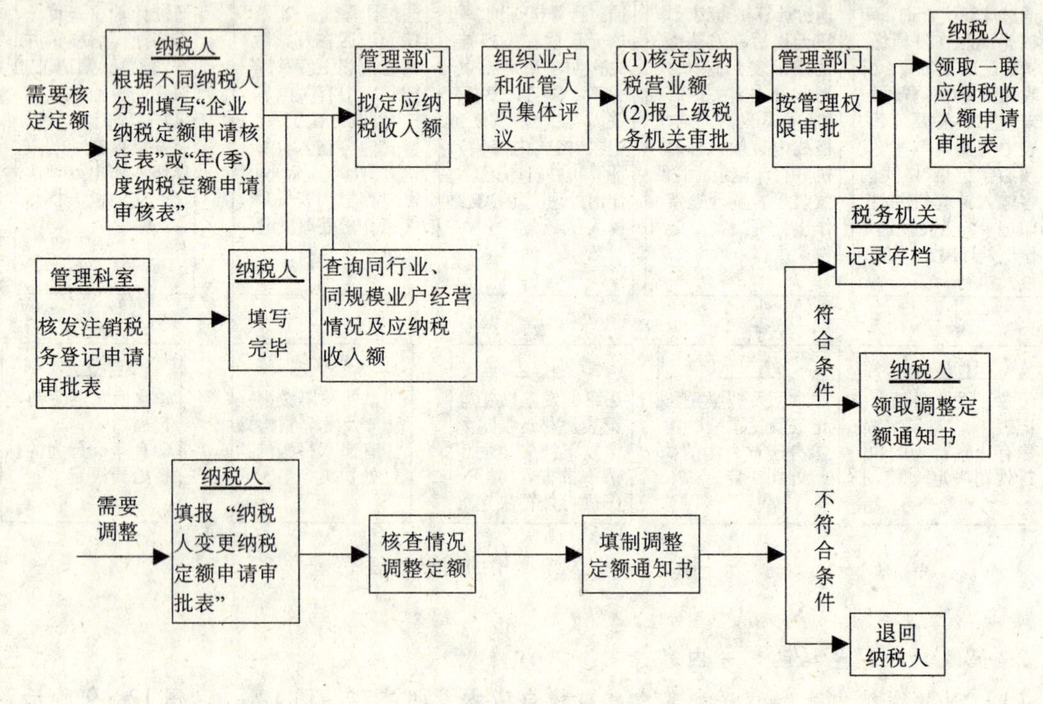

图 12－10

（2）保证税款及时、足额征收的措施。其中需注意：

①加收滞纳金，是从滞纳税款之日起，按日加收滞纳税款万分之五（0.5‰）的滞纳金的变化。特别注意，纳税期限的最后一日，如果遇到国家规定的法定节假日，纳税期限向后顺延一天。

②采取税收保全措施和税收强制措施的前提条件和基本程序，这些程序不能省略或跨越，也不能颠倒，其流程图分别如图 12－11、图 12－12 所示。

③提供纳税担保的条件和方式。

④阻止出境的对象、条件和程序。

⑤税款追征不同情况的年限，注意有特殊情况的，追征期可以延长到 5 年，对偷税、抗税、骗税的，可无限期追征。

⑥核定税额的对象。

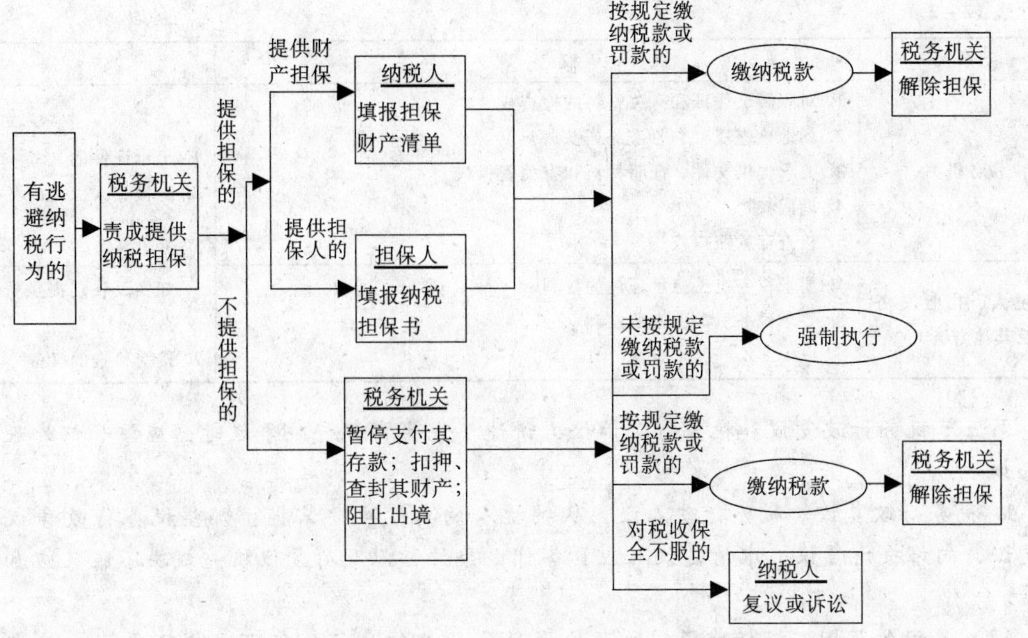

图 12－11　税收保全措施流程图

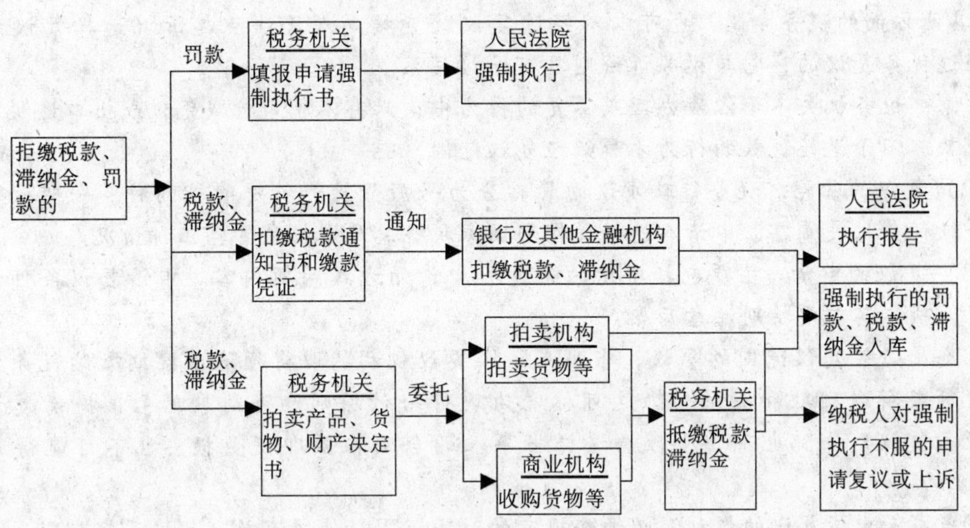

图 12－12　强制执行措施流程图

3. 纳税检查，主要了解征纳双方在纳税检查中的权利和义务。学习时，可以根据权利义务对应关系列表如表 12－2 所示。

第四节税务代理，在这一节中，主要要求掌握两个内容：

1. 税务代理的业务范围。
2. 税务代理人的权利和义务。

表 12 - 2

当事人	权　利	义　务
税务机关	1. 对账簿、凭证和有关资料的检查权 2. 场地检查权（包括车站码头邮局） 3. 要求提供文件、证明材料和有关资料权 4. 询问权 5. 检查存款账户权	1. 出示证件的义务 2. 为被查人保密的义务
纳税人、扣缴义务人及其他当事人	1. 要求税务机关出示证件的权利 2. 要求税务机关保密的权利	1. 如实反映、提供资料的义务 2. 接受检查的义务

第五节税务行政复议和税务行政诉讼，讲述了发生税务行政争议时，应该如何处理。其途径如下：

1. 税务行政复议。税务行政复议，从纳税人的角度主要掌握：哪些税务行政争议可提请复议，向谁提请复议，申请复议人应具备什么条件，以及对复议机关裁决不服又应如何办理等。

（1）复议的范围。概括地说，所有属于税务行政的争议，都可以提请复议。其中对税务机关作出的征税行为和某些不予依法办理或答复的行为，必须先行复议（必经复议范围），其他方面的税务争议，也可以不经过复议就直接向人民法院起诉（选择复议范围）。凡先经过税务复议的，它与税务诉讼则具有承接关系。

注意：税务机关不予依法办理或答复的行为中，只有不予审批减免税或出口退税；不予抵扣税款；不予退还税款的行为才属必经复议范围。

（2）复议的管辖。税务行政复议的管辖分为一般管辖和特殊管辖两种。一般管辖还包括上一级税务机关管辖、申请人选择管辖和国家税务总局本机关管辖三种情况。

（3）复议的申请。主要包括申请的条件和申请的方式两项内容。申请复议条件教材中列举了六项，其中要特别注意两点：

①凡属必经复议范围的争议，当事人请求复议权利的取得须基于按期缴纳税务机关确定的税额或解缴税款和滞纳金。这可称之为现行给付原则。否则，就无权提请复议；而未经税务复议，法院也不予受理。这样当事人的合法权益即使受损，也不可能得到纠正和补偿。

②当事人申请复议的权利，必须在规定的时间范围行使才有效，超过法定期限，视为当事人默认放弃了复议权。

复议申请一律要求以书面形式进行，其流程图如图 12 - 13 所示。

（4）对复议机关的裁决不服的，有这样两种情形：

①对复议机关不予受理或者受理后超过复议期限不作答复的裁决不服的，可在收到不予受理决定书之日起或者行政复议期满之日起 15 日内，向法院提起诉讼；

②对复议机关经过审理后作出的复议决定不服，可在接到复议决定之日起 15 日内向法院起诉。申请人逾期不起诉又不履行复议决定的，将被强制执行。流程图如图 12 - 14、图 12 - 15 所示。

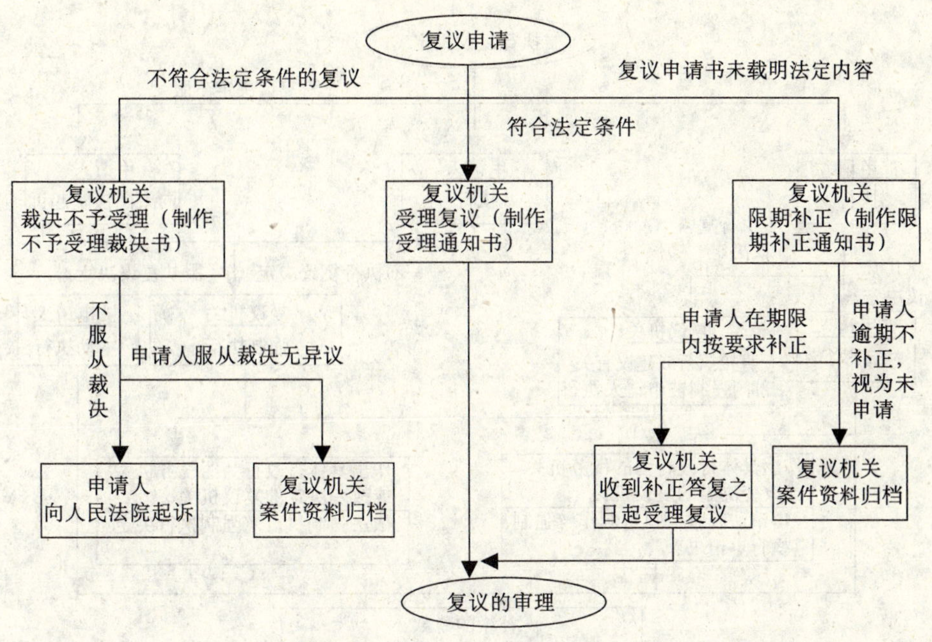

图 12－13 复议申请流程

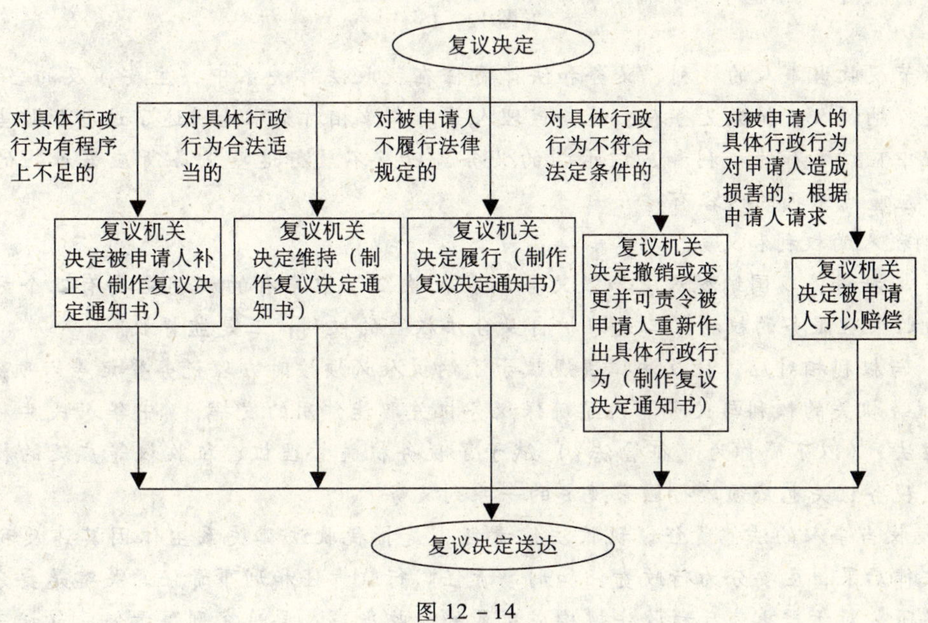

图 12－14

2. 税务行政诉讼。作为纳税人主要掌握在什么情况下可以提起诉讼。首先，起诉的内容是属于税务行政诉讼受案范围的；其次，在规定的时限内提起诉讼，具体有四种情形；最后是明确的被告，需区别五种情况确定。

税务行政诉讼的流程图如图 12－16 所示。

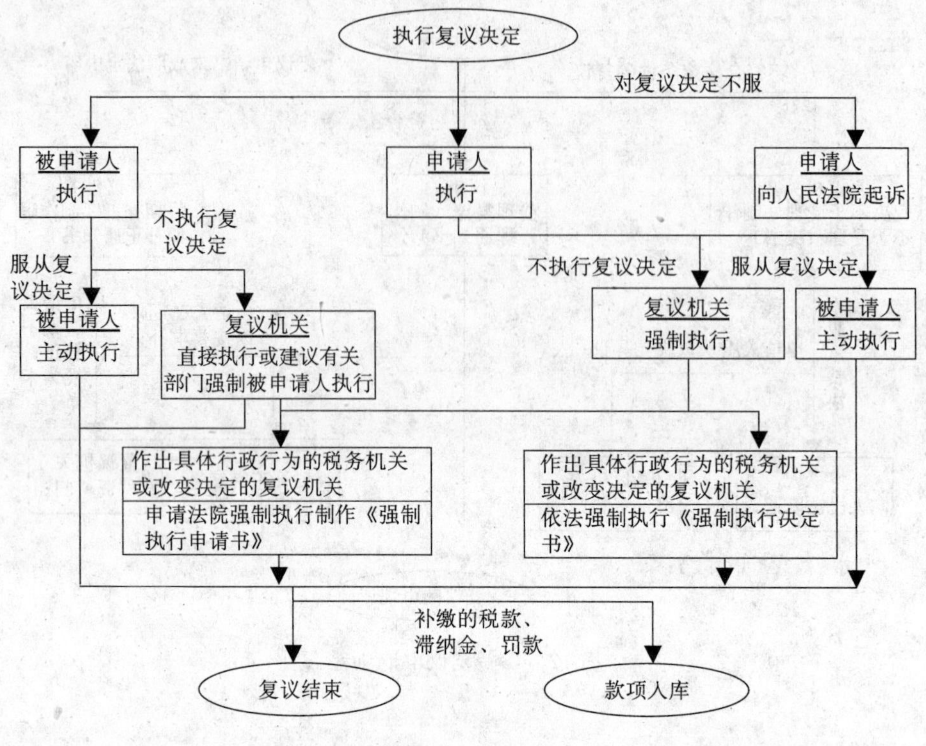

图 12－15

第六节税收当事人的权利、义务和法律责任在税收法律关系中，主要涉及的当事人有：税务机关、纳税人、扣缴义务人、税务代理人等。本章相对集中地讲述了这些税收当事人在征纳过程中应该享有的权利和应该承担的义务，以及不履行这些义务所应当承担的法律责任。其中应重点掌握的内容有：

1. 纳税人的权利和义务。

（1）概括讲，我国纳税人、扣缴义务人在税收征管中享有的权利主要有三个方面：一是申请税收管理服务的权利；二是维护自身合法权益的权利；三是监督权。

（2）与权利相对应，税收法律法规赋予了纳税人必须按时办理税务登记等六项义务。

2. 税务机关的权利与义务。为了确保税务机关职能作用的发挥，《中华人民共和国税收征收管理法》（以下简称为《征管法》）赋予了税务机关管理权、征收权等广泛的权利。与此对应，税务机关也必须履行国家规定的一系列义务。

3. 税收当事人的法律责任。税收法律责任，是指税收法律关系主体因其违反税法所应承担的法律后果，主要分为行政责任和刑事责任。行政责任和刑事责任的关键是要分清罪与非罪的界限，对于严重违反税收法规构成犯罪的税收当事人要追究刑事责任，包括三个部分的内容：一是逃避追缴欠税、偷税、抗税和骗取出口退税等直接妨害税收征收构成犯罪的法律责任；二是严重违反增值税专用发票及可用于退税、抵扣税款的其他发票的使用规定，构成犯罪的刑事责任；三是税务机关和其他当事人违反《征管法》应当承担的法律责任，具体的内容主要体现在《征管法》的有关规定中。每一项税收犯罪又包括该罪的行为和该罪的处罚两方面。

关于税收当事人违反税法行为的法律责任界限，对教材作以下补充和归纳：

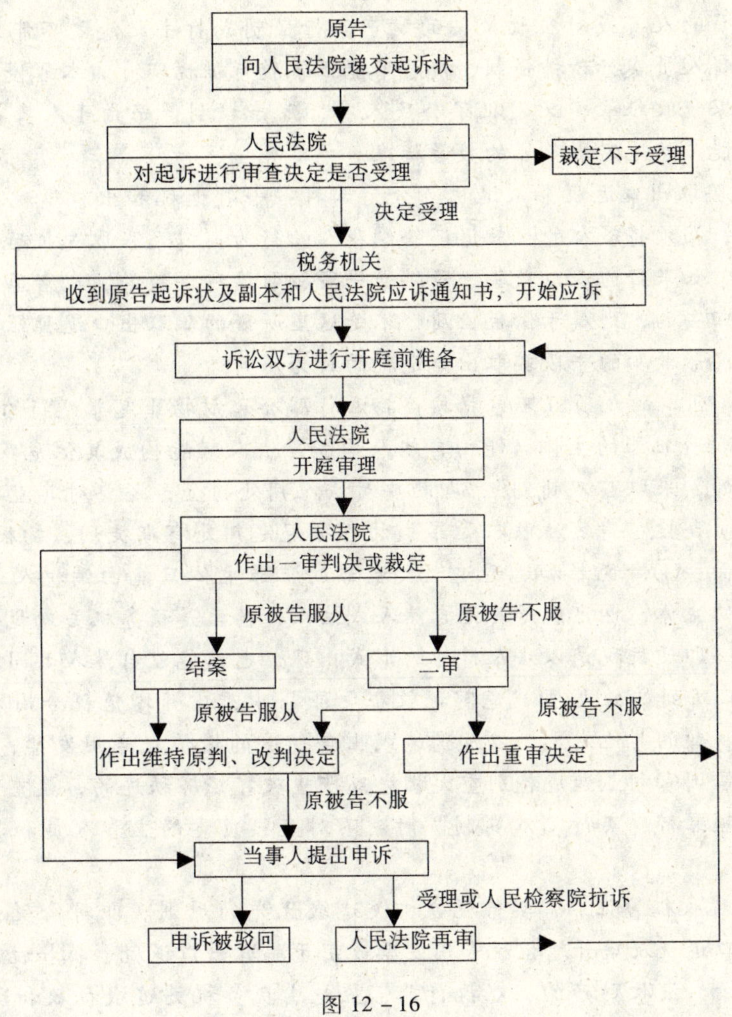

图 12－16

（1）欠税与逃避追缴欠税罪。欠税一般不构成犯罪。为预防和制止欠税，税法分三种不同的情况，规定了不同的处理方法：

①纳税人确有特殊困难不能纳税的，经省、自治区、直辖市税务局批准，可延期纳税；

②未按期纳税的，由税务机关责令限期缴纳；逾期仍未缴纳的，可依法采取强制执行措施，并加收滞纳金和罚款；

③对逃避追缴欠税的，才定罪追究刑事责任。

逃避追缴欠税，可视为“软抗税”。构成该罪同时要有三个要素：①有欠税事实，这是前提条件；②有实际的逃避行为，即有转移和隐匿财产的行为，这是该罪能否成立的关键；③致使税务机关无法追缴，这是行为人的犯罪目的，也是该罪所要求的客观结果。

（2）偷税罪，在客观方面有三个内容：①违反税收法规，这是偷税罪成立的前提；②采取了欺骗、隐瞒等虚假手段，这是该罪的行为特征；③不缴或少缴应纳税款，这是偷税行为的目的和结果。其中，第二项是认定偷税行为罪与非罪、此罪与彼罪的关键。

（3）抗税罪，其行为包括两点：一是违反税收法规；二是使用暴力和威胁的方法。暴力是指对征税人员的人身或对征收机关的财产实行强制或打击，使之不能正常履行税收职责；威胁是对征税人员实行精神强制，使之不能正常履行征税职责。本罪侵犯的客体比较复杂，既侵犯了国家税收征管，又侵犯了公民人身、财产权利，而由于人身权利的不可量化性，使抗税罪不能截然地定出犯罪的数量标准。

(4) 骗税与骗取出口退税罪。退税可分为两种：一般退税和出口退税。前者是指由于发生多征或误征，而须将多征的税款退还给纳税人的行为，以及采取先征后退的方式退还已纳的税款。但是，如果行为人以欺骗、隐瞒等手段骗取这种退税的，或者通过其他方式将已缴纳的税款诱骗回去的，则属于偷税性质，不是这里所说的骗取出口退税罪。这里仅指以假报、谎报出口产品等欺骗的手段骗取出口退税的行为。

(5)《刑法》列举的九项（不包括按盗窃和诈骗公私财物罪定罪处罚的犯罪）“危害税收征管罪”中，抗税犯罪的主体只能由自然人构成，法人只能构成其他危害税收征管犯罪。对法人构成犯罪的，采取“双罚制”，即既要对法人判处罚金，还要对其直接负责的主管人员和其他责任人员，按“危害税收征管罪”的各项规定判处有期徒刑、拘役或管制。此外，还需注意两个方面：①偷税罪和逃避追缴欠税罪的犯罪主体只能由纳税人或扣缴义务人构成，而其他犯罪的主体，也可能是其他自然人或法人，甚至是税务机关或税务人员。②法人不能构成抗税罪。即便抗税是以法人行为的形式出现，也只能以自然人共同犯罪处理。

(6)《刑法》所列举的九项“危害税收征管罪”中，虚开增值税专用发票或用于骗取出口退税、抵扣税款的其他发票，以及伪造或出售伪造的增值税专用发票，数额特别巨大，情节特别严重，给国家利益造成特别重大损失或严重破坏经济秩序的，最重可判处死刑。但对法人犯有这两项罪行，实行“双罚制”时，不对直接负责的主管人员和其他责任人员适用死刑。

(7) 对危害税收征管犯罪，实行税务机关追缴优先的原则。即对偷税、抗税、逃避追缴欠税、骗取出口退税及虚开增值税专用发票或用于骗取出口退税、抵扣税款的其他发票的犯罪，被判处罚金、没收财产的，在执行前，应先由税务机关追缴税款和所骗取的出口退税款。

思考与练习

一、基本概念

1. 税务登记

2. 纳税申报

3. 税收保全措施

4. 税务代理

5. 税务行政复议

6. 税务行政诉讼

7. 必经复议

8. 选择复议

9. 偷税

10. 欠税

11. 抗税

12. 骗税

13. 骗取出口退税罪

14. 逃避追缴欠税罪

15. 虚开增值税专用发票罪

二、思考与讨论

1. 什么是税务登记？税务登记分为哪几种情况？

2. 税收保全措施与税收强制执行措施的关系如何？

3. 税务代理有什么意义？

4. 纳税人有哪些权利？

5. 公民为什么要履行纳税义务？

三、练习

（一）判断题

1. 办理纳税申报是纳税人履行纳税义务的第一步。 （　　）
2. 生产经营规模小又确无建账能力的个体工商户可以不设置账簿。 （　　）

3. 临时取得收入或发生纳税行为的纳税人，可以不办理税务登记，也不用进行纳税申报。 (　　)

4. 纳税人无论有无应税收入、所得，还是是否依法享受减税、免税，都必须在规定期限内办理纳税申报。 (　　)

5. 因税务机关的责任造成纳税人少缴税款的税务机关在一年内可以追征，但不得加收滞纳金。 (　　)

6. 发生税务争议后，纳税人可先经过复议，也可以直接向人民法院起诉。 (　　)

7. 税务登记证件可以转借，但不能涂改、买卖或者伪造。 (　　)

8. 纳税人的财务会计制度或财务会计处理方法与有关税法规定有抵触的，应按有关税法规定计算纳税。 (　　)

9. 计算滞纳金时，其滞纳天数是指从税务机关依法确定的纳税人报缴税款期限届满的当天至实际缴纳税款的前一日止。 (　　)

10. 从事生产经营的纳税人到外县（市）进行生产经营活动的，必须持所在地税务机关填发的外出经营活动税收管理证明，向营业地税务机关报验登记，接受税务管理。 (　　)

11. 纳税人在办理注销税务登记之前，应向税务机关缴清应纳税款、滞纳金及罚款，但不必缴销发票和其他税务证件。 (　　)

12. 领购发票的单位和个人，可以外带、拆本、代开发票。 (　　)

13. 从事生产经营的纳税人应当自领取税务登记证之日起15日内设置账簿。 (　　)

14. 欠缴税款的纳税人需要出境的，应当在出境前向税务机关结清应纳税款或提供纳税担保，否则税务机关可通知出境管理单位阻止其出境。 (　　)

15. 国家行政机关也可作为纳税担保人。 (　　)

16. 税务机关有权经县以上税务局长批准，凭全国统一格式的检查存款账户许可证明，查核从事生产经营的纳税人、扣缴义务人在银行或其他金融机构的存款账户。 (　　)

17. 已使用过的发票存根一般保管期为10年。 (　　)

18. 纳税人同税务机关在纳税事项上发生争议时，应先解缴税款及滞纳金，然后提出申请复议。 (　　)

19. 注册税务师只有在加入税务代理机构后，才能从事税务代理业务。 (　　)

20. 税务行政诉讼参加人是与税务行政争议有直接利害关系的当事人以及与当事人诉讼地位相等的人。 (　　)

21. 纳税人对税务机关作出的征税处罚不服的，须先经过税务行政复议，对复议决定不服的，可在接到复议决定书之日起30日内起诉。 (　　)

22. 法律另有规定的除外，税务机关征收税款，税收优先于无担保债权、罚款、没收违法所得及抵押权、质押权、留置权执行。 (　　)

23. 欠缴税款的纳税人因怠于行使到期债权，或者放弃到期债权，或者无偿转让财产，或者以明显不合理的低价转让财产，无论受让人是否知道该情形，对国家税收造成损害的，税务机关均可以依照合同法的规定行使代位权、撤销权。 (　　)

24. 纳税人虽已销售货物，但无法收回货款，导致不能按期纳税的，可申请延期纳税。 (　　)

25. 纳税人发现超过应纳税额缴纳的各种税款，均可自结算缴纳税款之日起三年内，向

税务机关提出书面申请，要求退还多缴税款。 （ ）

26. 纳税人多缴税款经审核批准后，税务机关应立即退还；也可以按照纳税人的要求，用以抵缴下期应纳税款。 （ ）

27. 纳税人偷税、抗税、骗取出口退税，未构成犯罪的，由税务机关对其追究行政责任；凡已构成犯罪的，一律由司法机关对其处以罚金、没收财产、判处徒刑，税务机关不再对其追究行政责任。 （ ）

28. 纳税人因偷税未缴或少缴的税款，税务机关可以无限期追缴。 （ ）

29. 抗税罪的主体只能由自然人构成，法人不构成抗税罪。 （ ）

30. 纳税人以假报出口和其他欺骗手段，只骗取所缴纳的税款的，也要按照骗取出口退税罪论处。 （ ）

31. 对法人犯有“危害税收征管罪”的实行“双罚制”，但在任何情况下，不对直接负责的主管人员和其他责任人员适用死刑。 （ ）

32. 扣缴义务人编造虚假计税依据的，由税务机关责令限期改正，并处十万元以下的罚款。 （ ）

33. 非法印制发票的，由税务机关销毁非法印制的发票，没收违法所得和作案工具，并处2 000元以上5 000元以下的罚款。 （ ）

（二）单项选择题

1. 纳税人变更工商执照的相关内容，需办理的税务登记是（ ）。

A. 开业登记　　B. 停业登记
C. 变更登记　　D. 注销登记

2. 从事生产经营的纳税人应向税务机关办理税务登记的期限是领取营业执照后（ ）。

A. 10 日内　　B. 15 日内
C. 20 日内　　D. 30 日内

3. 税务机关对纳税人填报的税务登记表、提供的证件和资料，应当自收到之日起（ ）内审核完毕；符合规定的，予以登记并发给税务登记证件。

A. 15 日　　B. 20 日
C. 30 日　　D. 45 日

4. 对发票实行统一管理的部门是（ ）。

A. 领购部门　　B. 使用部门
C. 保管部门　　D. 各级税务机关

5. 经批准可以不设置账簿或暂缓建账的个体工商户税款缴纳方式是（ ）。

A. 自核自缴　　B. 早报核实
C. 定期定额　　D. 申报查定

6. 下列不能作为纳税担保人的是（ ）。

A. 公民　　B. 法人
C. 国家机关　　D. 其他经济组织

7. 税收强制执行措施所扣缴或抵缴税款，不包括（ ）。

A. 应缴税款　　B. 滞纳金

C. 税款的正常延纳　　D. 罚款

8. 在规定的纳税期限之前，税务机关有根据认为从事生产经营的纳税人有逃避纳税义务行为的，税务机关可采取的措施是（　　）。

A. 责令限期缴纳　　B. 责成纳税人提供纳税担保

C. 通知纳税人开户银行扣缴税款　　D. 扣押纳税人的财产

9. 滞纳金是按滞纳日数和滞纳税款的一定比例加收的，该比例为（　　）。

A. 5%　　B. 0.5‰

C. 2%　　D. 2‰

10. 纳税人经税务机关批准延期缴纳税款的，在批准的期限内（　　）。

A. 应加收滞纳金　　B. 不收滞纳金

C. 收利息　　D. 不收利息

11. 纳税人因有特殊困难，不能按期缴纳税款的，经（　　）批准，可以延期缴纳税款，但是最长不得超过3个月。

A. 国家税务总局

B. 省、自治区、直辖市国家税务局、地方税务局

C. 市（地区）、自治州国家税务局、地方税务局

D. 县（市）、自治县国家税务局、地方税务局

12. （　　）是税收征管活动的开始。

A. 税务登记　　B. 纳税申报

C. 税款征收　　D. 凭证管理

13. 纳税人如遇特殊困难不能按期缴纳税款的，经省、自治区、直辖市国家税务局、地方税务局批准可以延期缴纳，但最长不得超过（　　）。

A. 1个月　　B. 2个月

C. 3个月　　D. 4个月

14. 偷税数额不满1万元或者偷税数额占应纳税额不到10%的，由税务机关追缴其所偷税款，并处以偷税数额（　　）罚款。

A. 1倍以下　　B. 3倍以下

C. 5倍以下　　D. 7倍以下

15. 某市的区国税局委托某工商所代征税款，纳税人对工商所的代征行为不服的，可向（　　）申请复议。

A. 区工商行政管理局　　B. 区国税局

C. 区人民法院　　D. 市国税局

（三）多项选择题

1. 税务管理主要包括（　　）等。

A. 税务登记　　B. 纳税申报

C. 税款征收　　D. 税务检查

2. 纳税人必须持有税务登记证件办理的事项有（　　）。

A. 领购发票　　B. 申请减、免、退税

C. 纳税申报

D. 外出经营活动税收管理证明

E. 开立银行账户

3. 纳税人在办理税务登记后应变更税务登记的情形有（　　）。

A. 改变名称或法定代表人

B. 改变所有制性质、经营地址

C. 改变经营方式、经营范围

D. 改变经营期限开户银行及账号

E. 改变工商证照的

4. 下列属于未按规定开具发票的行为是（　　）。

A. 应开具而未开具发票

B. 私售、倒买倒卖发票

C. 大小写金额不一致

D. 涂改发票

E. 填写项目不齐全、开具票物不符发票

5. 在纳税期限内纳税人必须向主管税务机关办理纳税申报的有（　　）。

A. 有应税收入

B. 有应税所得

C. 无应税收入、所得

D. 临时取得应税收入

E. 在减免税期间

6. 纳税申报的方式有（　　）。

A. 直接申报

B. 邮寄申报

C. 汇总申报

D. 代理申报

E. 电子申报

7. 税款的缴纳方式有（　　）。

A. 自核自缴

B. 申报核实缴纳

C. 申报查定缴纳

D. 定额申报缴纳

8. 税务机关有权核定纳税人应纳税额的情形有（　　）。

A. 依照规定可以不设置账簿的

B. 依照规定应当设置但未设置账簿的

C. 虽设有账簿，但账目混乱、难以查账的

D. 虽设有账簿但成本资料、收入凭证等残缺不全，难以查账的

E. 不听劝告，逾期仍不申报的

9. 税务检查权具体包括（　　）。

A. 查账权和询问权

B. 场地检查权

C. 责成提供资料权

D. 在交通要道查证权

E. 存款账户核查权

10. 税务机关保证税款及时、足额征收的措施有（　　）。

A. 加收滞纳金

B. 税收保全措施

C. 纳税担保

D. 税收强制执行措施

E. 定期定额征收

11. 纳税人办理纳税申报时，应当如实填写纳税申报表，并根据不同情况相应报送有关证件、资料，具体包括（　　）。

A. 财务、会计报表及说明材料

B. 与纳税有关的合同、协议书

C. 外出经营活动税收管理证明

D. 境内或境外公正机构出具的有关证明文件

E. 税务机关规定应当报送的其他有关证件、资料

12. 税务机关对从事生产经营的纳税人采取税收保全措施的具体措施有（　　）。

A. 书面通知纳税人开户银行或者其他金融机构暂停支付纳税人的金额相当于应纳税款的存款

B. 扣押、查封纳税人的价值相当于应纳税款的商品、货物或其他财产

C. 书面通知纳税人开户银行或其他金融机构从其存款中扣缴税款

D. 预先征收税款

E. 扣押、查封、拍卖纳税人的价值相当于应纳税款的商品、货物或其他财产，以拍卖所得抵缴税款

13. 纳税人对主管税务机关作出的（　　）决定不服，必须先经税务行政复议。

A. 审批减、免税

B. 征收税款

C. 拒绝发给税务登记证

D. 通知纳税人开户银行暂停支付部分存款

E. 不予审批减免税或出口退税

14. 纳税人可直接向人民法院提起税务行政诉讼的税务争议事件包括（　　）。

A. 对出口退税不服

B. 对征税违章罚款不服

C. 对税务机关侵犯经营自主权的行为

D. 对税务机关拒绝颁发或发售外销证或发票的行为

E. 税务机关作出的取消增值税一般纳税人资格的行为

15. 纳税人的下列行为已构成偷税罪的是（　　）。

A. 偷税数额占应纳税额 10% 以上的

B. 偷税数额在 1 万元以上的

C. 偷税数额占应纳税额 10% 以上并且偷税数额在 1 万元以上的

D. 因偷税被税务机关给予两次行政处罚又偷税的

16. 纳税人偷税所采取的手段有（　　）。

A. 伪造记账凭证

B. 擅自销毁账簿

C. 进行虚假的纳税申报

D. 税务机关通知申报而拒不申报

E. 在账簿上多列支出或不列、少列收入

17. 下列行为中，属于虚开增值税专用发票的行为是（　　）。

A. 没有销售货物而开具增值税专用发票给他人以换取其他利益

B. 没有购进货物而通过支付一定的手续费，指使他人为自己填开增值税专用发票

C. 介绍他人为另一单位开具增值税专用发票，收取一定的“中介费”

D. 开具的增值税专用发票注明的金额小于实际销货金额

E. 没有购进货物而虚拟一个供货单位，自己为自己开具增值税专用发票

18. 违反法律、行政法规规定（　　）的，由其上级机关或者行政监察机关责令改正，对直接负责的主管人员和其他直接责任人员依法给予行政处分。

A. 提前征收

B. 加成征收

C. 延缓征收　　D. 减免征收
E. 摊派税款

19. 扣缴义务人采取（　　）账簿、记账凭证手段，不缴或少缴已扣、已收税款，由税务机关追缴其不缴或者少缴的税款、滞纳金，并处不缴或者少缴的税款50%以上5倍以下的罚款。

A. 伪造　　B. 变造
C. 转让　　D. 隐匿
E. 擅自销毁

（四）计算题

某公司地处城市市区，6月份应依法缴纳增值税30万元，消费税15万元，营业税5万元。增值税、消费税、营业税滞纳10天。

要求：计算该公司应交滞纳金共多少？

（五）综合分析题

1. 一私营企业主经营木材生意，经认定逃税后税务机关限其15天内纳税。在这期间，该业主为了达到少纳税的目的，将一部分木材暂移入农村亲戚家隐藏后被人告发。在这种情况下，税务机关应采取何种措施处置？（要求提出处理的依据和处理的主要方法）

2. 某家具厂系小规模纳税人，2009年3月1日下午该厂厂长到主管税务机关递交了一份当日上午丢失一本普通发票的报告，并在该市报纸上公开声明作废。对此主管税务机关并未发表任何意见，也未作任何处理。同年5月初，主管税务机关在对另一纳税单位进行检查时，发现有一张购货发票是该厂开出的，对照发票号码，这是该厂声明作废的。经税务机关反复核对证实，该厂2005年3月至5月做的多笔生意都是用“丢失发票”开出的，开出的总金额为10万元，均未申报缴纳增值税。依据征管法等有关法规分析该厂的上述行为属于什么行为？应如何处理？并指出税务机关的做法有无错误，如有错，错在哪里？对纳税人怎样处理才是正确的？

3. 某商贸公司开业即办理了税务登记，两个月后的一天，收到主管税务机关发来的一份税务处理通知书，称该公司未按规定期限办理纳税申报（每月1至10号为申报期限），并处罚款。公司经理胡某对此很不理解，到税务机关申辩，称本公司虽已开业两个月，但尚未做成一笔生意，没有收入又如何办理纳税申报？试问该公司的做法有无错误？为什么？如有错误，又该如何定性处理？

4. 税务机关在对某企业进行发票检查时，发现如下问题：

（1）单联填开，各联次的金额不一致；

（2）白条入账；

（3）普通发票丢失；

（4）将发票借给其他单位使用。

要求：根据《中华人民共和国发票管理办法》分析应当如何处理。

第十三章

基本办税业务操作

业务操作一　税务登记表的填写

填写税务登记表是办理税务登记的一项基础工作，是办税业务的起点，规范填写税务登记表是对办税业务人员的基本要求。根据登记业务内容不同，税务登记表分《税务登记表——适用单位纳税人》、《税务登记表——适用个体经营》、《税务登记表——适用临时税务登记纳税人》、《变更税务登记表》、《注销税务登记申请审批表》、《房屋、土地、车船情况登记表》、《个人所得税扣缴税款登记表》等。现以《税务登记表——适用单位纳税人》为例，说明税务登记表的填写方法，该表格式见教材第十二章表12－1。分项填写说明如下：

1. 本表适用于各类单位纳税人填用。

2. 从事生产、经营的纳税人应当自领取营业执照，或者自有关部门批准设立之日起30日内，或者自纳税义务发生之日起30日内，到税务机关领取税务登记表，填写完整后提交税务机关，办理税务登记。

3. 办理税务登记应当出示、提供以下证件资料（所提供资料原件用于税务机关审核，复印件留存税务机关）：

（1）营业执照副本或其他核准执业证件原件及其复印件；

（2）组织机构代码证书副本原件及其复印件；

（3）注册地址及生产、经营地址证明（产权证、租赁协议）原件及其复印件；如为自有房产，请提供产权证或买卖契约等合法的产权证明原件及其复印件；如为租赁的场所，请提供租赁协议原件及其复印件，出租人为自然人的还须提供产权证明的复印件；如生产、经营地址与注册地址不一致，请分别提供相应证明；

（4）公司章程复印件；

（5）有权机关出具的验资报告或评估报告原件及其复印件；

（6）法定代表人（负责人）居民身份证、护照或其他证明身份的合法证件原件及其复印件；复印件分别粘贴在税务登记表的相应位置上；

（7）纳税人跨县（市）设立的分支机构办理税务登记时，还须提供总机构的税务登记证（国、地税）副本复印件；

（8）改组改制企业还须提供有关改组改制的批文原件及其复印件；

（9）税务机关要求提供的其他证件资料。

4. 纳税人应向税务机关申报办理税务登记。完整、真实、准确、按时地填写此表。

5. 使用碳素或蓝墨水的钢笔填写本表。

6. 本表一式二份（国地税联办税务登记的本表一式三份）。税务机关留存一份，退回纳税人一份（纳税人应妥善保管，验换证时需携带查验）。

7. 纳税人在新办或者换发税务登记时应报送房产、土地和车船有关证件，包括：房屋产权证、土地使用证、机动车行使证等证件的复印件。

8. 表中有关栏目的填写说明：

(1)“纳税人名称”栏：指《企业法人营业执照》或《营业执照》或有关核准执业证书上的“名称”。

(2)“身份证件名称”栏：一般填写“居民身份证”，如无身份证，则填写“军官证”、“士兵证”、“护照”等有效身份证件。

(3)“注册地址”栏：指工商营业执照或其他有关核准开业证照上的地址。

(4)“生产经营地址”栏：填办理税务登记的机构生产经营地地址。

(5)“国籍或地址”栏：外国投资者填国籍，中国投资者填地址。

(6)“登记注册类型”栏：即经济类型，按营业执照的内容填写；不需要领取营业执照的，选择“非企业单位”或者“港、澳、台商企业常驻代表机构及其他”、“外国企业”；如为分支机构，按总机构的经济类型填写。

登记注册类型分类标准如下：

110 国有企业　　120 集体企业　　130 股份合作企业

141 国有联营企业　　142 集体联营企业　　143 国有与集体联营企业

149 其他联营企业　　151 国有独资公司　　159 其他有限责任公司

160 股份有限公司　　171 私营独资企业　　172 私营合伙企业

173 私营有限责任公司　　174 私营股份有限公司　　190 其他企业

210 合资经营企业（港或澳、台资）　　220 合作经营企业（港或澳、台资）

230 港、澳、台商独资经营企业　　240 港、澳、台商独资股份有限公司

310 中外合资经营企业　　320 中外合作经营企业

330 外资企业　　340 外商投资股份有限公司

400 港、澳、台商企业常驻代表机构及其他　　500 外国企业

600 非企业单位

(7)“投资方经济性质”栏：单位投资的，按其登记注册类型填写；个人投资的，填写自然人。

(8)“证件种类”栏：单位投资的，填写其组织机构代码证；个人投资的，填写其身份证件名称。

(9)“国标行业”栏：按纳税人从事生产经营行业的主次顺序填写，其中第一个行业填写纳税人的主行业。

“国标行业”所依据的“国民经济行业分类标准（GB/T 4754－2002）如下：

A－农、林、牧、渔业

01－农业　　02－林业

03－畜牧业　　04－渔业

05－农、林、牧、渔服务业

B －采矿业

06－煤炭开采和洗选业 07－石油和天然气开采业

08－黑色金属矿采选业 09－有色金属矿采选业

10－非金属矿采选业 11－其他采矿业

C －制造业

13－农副食品加工业 14－食品制造业

15－饮料制造业 16－烟草制品业

17－纺织业 18－纺织服装、鞋、帽制造业

19－皮革、毛皮、羽毛（绒）及其制品业

20－木材加工及木、竹、藤、棕、草制品业

21－家具制造业

22－造纸及纸制品业

23－印刷业和记录媒介的复制 24－文教体育用品制造业

25－石油加工、炼焦及核燃料加工业 26－化学原料及化学制品制造业

27－医药制造业 28－化学纤维制造业

29－橡胶制品业 30－塑料制品业

31－非金属矿物制品业 32－黑色金属冶炼及压延加工业

33－有色金属冶炼及压延加工业 34－金属制品业

35－普通机械制造业 36－专用设备制造业

37－交通运输设备制造业 39－电气机械及器材制造业

40－通信设备、计算机及其他电子设备制造业

41－仪器仪表及文化、办公用机械制造业

42－工艺品及其他制造业 43－废弃资源和废旧材料回收加工业

D －电力、燃气及水的生产和供应业

44－电力、燃气及水的生产和供应业 45－燃气生产和供应业

50－其他建筑业

F －交通运输、仓储和邮政业

51－铁路运输业 52－道路运输业

53－城市公共交通业 54－水上运输业

55－航空运输业 56－管道运输业

57－装卸搬运及其他运输服务业 58－仓储业

59－邮政业

G －信息传输、计算机服务和软件业

60－电信和其他信息传输服务业 61－计算机服务业

62－软件业

H －批发和零售业

63－批发业 65－零售业

I －住宿和餐饮业

66－住宿业 67－餐饮业

J –金 融 业

68 – 银行业

69 – 证券业

70 – 保险业

71 – 其他金融活动

K –房地产业

72 – 房地产业

L –租赁和商务服务业

73 – 租赁业

74 – 商务服务业

M –科学研究、技术服务和地质勘查业

75 – 研究与试验发展

76 – 专业技术服务业

77 – 科技交流和推广服务业

78 – 地质勘查业

N –水利、环境和公共设施管理业

79 – 水利管理业

80 – 环境管理业

81 – 公共设施管理业

O –居民服务和其他服务业

82 – 居民服务业

83 – 其他服务业

P –教育

84 – 教育

Q –卫生、社会保障和社会福利业

85 – 卫生

86 – 社会保障业

87 – 社会福利业

R –文化、体育和娱乐业

88 – 新闻出版业

89 – 广播、电视、电影和音像业

90 – 文化艺术业

91 – 体育

92 – 娱乐业

S –公共管理与社会组织

93 – 中国共产党机关

94 – 国家机构

95 – 人民政协和民主党派

96 – 群众社团、社会团体和宗教组织

97 – 基层群众自治组织

T –国际组织

98 – 国际组织

业务操作二　纳税申报表的填写

纳税申报是办税业务人员日常工作的主要内容，填写纳税申报表是确定应纳税额的法定程序，纳税申报表是办税业务工作的标志性成果，可以说，能否从事办税业务关键就在于能否规范填写各种纳税申报表。一般来说，每个税种都有适应其业务特点的纳税申报表，纳税申报表的格式由税务部门统一制定。现以增值税纳税申报表的填写来说明纳税申报表的一般填写方法。增值税纳税申报时需要填写的表格包括《增值税纳税申报表（适用于增值税一般纳税人)》、《增值税纳税申报表附列资料(表一)、(表二)》和《固定资产进项税额抵扣情况表》。《增值税纳税申报表(适用于增值税一般纳税人)》的格式见教材第十二章表12-2。各项目的分项填写说明如下(附表的格式及填写方法略):

1. 本申报表适用于增值税一般纳税人填报。增值税一般纳税人销售按简易办法缴纳增值税的货物,也使用本表。

2. 本表"税款所属时间"是指纳税人申报的增值税应纳税额的所属时间,应填写具体的起止年、月、日。本表"填表日期"指纳税人填写本表的具体日期。

3. 本表"纳税人识别号"栏,填写税务机关为纳税人确定的识别号,即:税务登记证号码。本表"所属行业"栏,按照国民经济行业分类与代码中的最细项(小类)进行填写(国民经济行业分类与代码附后)。本表"纳税人名称"栏,填写纳税人单位名称全称,不得填写简称。本表"法定代表人姓名"栏,填写纳税人法定代表人的姓名。本表"注册地址"栏,填写纳税人税务登记证所注明的详细地址。本表"营业地址"栏,填写纳税人营业地的详细地址。本表"开户银行及账号"栏,填写纳税人开户银行的名称和纳税人在该银行的结算账户号码。本表"企业登记注册类型"栏,按税务登记证填写。本表"电话号码"栏,填写纳税人注册地和经营地的电话号码。表中"一般货物及劳务"是指享受即征即退的货物及劳务以外的其他货物及劳务。表中"即征即退货物及劳务"是指纳税人按照税法规定享受即征即退税收优惠政策的货物及劳务。

4. 本表第1项"(一)按适用税率征税货物及劳务销售额"栏数据,填写纳税人本期按适用税率缴纳增值税的应税货物和应税劳务的销售额(销货退回的销售额用负数表示)。包括在财务上不作销售但按税法规定应缴纳增值税的视同销售货物和价外费用销售额,外贸企业作价销售进料加工复出口的货物,税务、财政、审计部门检查按适用税率计算调整的销售额。"一般货物及劳务"的"本月数"栏数据与"即征即退货物及劳务"的"本月数"栏数据之和,应等于《附表一》第7栏的"小计"中的"销售额"数。"本年累计"栏数据,应为年度内各月数之和。

5. 本表第2项"应税货物销售额"栏数据,填写纳税人本期按适用税率缴纳增值税的应税货物的销售额(销货退回的销售额用负数表示)。包括在财务上不作销售但按税法规定应缴纳增值税的视同销售货物和价外费用销售额,以及外贸企业作价销售进料加工复出口的货物。"一般货物及劳务"的"本月数"栏数据与"即征即退货物及劳务"的"本月数"栏数据之和,应等于《附表一》第5栏的"应税货物"中17%税率"销售额"与13%税率"销售额"的合计数。"本年累计"栏数据,应为年度内各月数之和。

6. 本表第3项"应税劳务销售额"栏数据,填写纳税人本期按适用税率缴纳增值税的应税劳务的销售额。"一般货物及劳务"的"本月数"栏数据与"即征即退货物及劳务"的"本月数"栏数据之和,应等于《附表一》第5栏的"应税劳务"中的"销售额"数。"本年累计"栏数据,应为年度内各月数之和。

7. 本表第4项"纳税检查调整的销售额"栏数据,填写纳税人本期因税务、财政、审计部门检查,并按适用税率计算调整的应税货物和应税劳务的销售额。但享受即征即退税收优惠政策的货物及劳务经税务稽查发现偷税的,不得填入"即征即退货物及劳务"部分,而应将本部分销售额在"一般货物及劳务"栏中反映。"一般货物及劳务"的"本月数"栏数据与"即征即退货物及劳务"的"本月数"栏数据之和,应等于《附表一》第6栏的

“小计”中的“销售额”数。“本年累计”栏数据，应为年度内各月数之和。

8. 本表第5项“按简易征收办法征税货物的销售额”栏数据，填写纳税人本期按简易征收办法征收增值税货物的销售额（销货退回的销售额用负数表示）。包括税务、财政、审计部门检查，并按简易征收办法计算调整的销售额。“一般货物及劳务”的“本月数”栏数据与“即征即退货物及劳务”的“本月数”栏数据之和，应等于《附表一》第14栏的“小计”中的“销售额”数。“本年累计”栏数据，应为年度内各月数之和。

9. 本表第6项“其中：纳税检查调整的销售额”栏数据，填写纳税人本期因税务、财政、审计部门检查，并按简易征收办法计算调整的销售额，但享受即征即退税收优惠政策的货物及劳务经税务稽查发现偷税的，不得填入“即征即退货物及劳务”部分，而应将本部分销售额在“一般货物及劳务”栏中反映。“一般货物及劳务”的“本月数”栏数据与“即征即退货物及劳务”的“本月数”栏数据之和，应等于《附表一》第13栏的“小计”中的“销售额”数。“本年累计”栏数据，应为年度内各月数之和。

10. 本表第7项“免、抵、退办法出口货物销售额”栏数据，填写纳税人本期执行免、抵、退办法出口货物的销售额（销货退回的销售额用负数表示）。“本年累计”栏数据，应为年度内各月数之和。

11. 本表第8项“免税货物及劳务销售额”栏数据，填写纳税人本期按照税法规定直接免征增值税的货物及劳务的销售额及适用零税率的货物及劳务的销售额（销货退回的销售额用负数表示），但不包括适用免、抵、退办法出口货物的销售额。“一般货物及劳务”的“本月数”栏数据，应等于《附表一》第18栏的“小计”中的“销售额”数。“本年累计”栏数据，应为年度内各月数之和。

12. 本表第9项“免税货物销售额”栏数据，填写纳税人本期按照税法规定直接免征增值税货物的销售额及适用零税率货物的销售额（销货退回的销售额用负数表示），但不包括适用免、抵、退办法出口货物的销售额。“一般货物及劳务”的“本月数”栏数据，应等于《附表一》第18栏的“免税货物”中的“销售额”数。“本年累计”栏数据，应为年度内各月数之和。

13. 本表第10项“免税劳务销售额”栏数据，填写纳税人本期按照税法规定直接免征增值税劳务的销售额及适用零税率劳务的销售额（销货退回的销售额用负数表示）。“一般货物及劳务”的“本月数”栏数据，应等于《附表一》第18栏的“免税劳务”中的“销售额”数。“本年累计”栏数据，应为年度内各月数之和。

14. 本表第11项“销项税额”栏数据，填写纳税人本期按适用税率计征的销项税额。该数据应与“应交税费——应交增值税”明细科目贷方“销项税额”专栏本期发生数一致。“一般货物及劳务”的“本月数”栏数据与“即征即退货物及劳务”的“本月数”栏数据之和，应等于《附表一》第7栏的“小计”中的“销项税额”数。“本年累计”栏数据，应为年度内各月数之和。

15. 本表第12项“进项税额”栏数据，填写纳税人本期申报抵扣的进项税额。该数据应与“应交税费——应交增值税”明细科目借方“进项税额”专栏本期发生数一致。“一般货物及劳务”的“本月数”栏数据与“即征即退货物及劳务”的“本月数”栏数据之和，应等于《附表二》第12栏中的“税额”数。“本年累计”栏数据，应为年度内各月数之和。

16. 本表第13项“上期留抵税额”栏数据，为纳税人前一申报期的“期末留抵税额”数，该数据应与“应交税费——应交增值税”明细科目借方月初余额一致。

17. 本表第14项“进项税额转出”栏数据，填写纳税人已经抵扣但按税法规定应作进项税转出的进项税额总数，但不包括销售折扣、折让，销货退回等应负数冲减当期进项税额的数额。该数据应与“应交税费——应交增值税”明细科目贷方“进项税额转出”专栏本期发生数一致。“一般货物及劳务”的“本月数”栏数据与“即征即退货物及劳务”的“本月数”栏数据之和，应等于《附表二》第13栏中的“税额”数。“本年累计”栏数据，应为年度内各月数之和。

18. 本表第15项“免、抵、退货物应退税额”栏数据，填写退税机关按照出口货物免、抵、退办法审批的应退税额。“本年累计”栏数据，应为年度内各月数之和。

19. 本表第16项“按适用税率计算的纳税检查应补缴税额”栏数据，填写税务、财政、审计部门检查按适用税率计算的纳税检查应补缴税额。“本年累计”栏数据，应为年度内各月数之和。

20. 本表第17项“应抵扣税额合计”栏数据，填写纳税人本期应抵扣进项税额的合计数。

21. 本表第18项“实际抵扣税额”栏数据，填写纳税人本期实际抵扣的进项税额。“本年累计”栏数据，应为年度内各月数之和。

22. 本表第19项“按适用税率计算的应纳税额”栏数据，填写纳税人本期按适用税率计算并应缴纳的增值税额。“本年累计”栏数据，应为年度内各月数之和。

23. 本表第20项“期末留抵税额”栏数据，为纳税人在本期销项税额中尚未抵扣完，留待下期继续抵扣的进项税额。该数据应与“应交税费——应交增值税”明细科目借方月末余额一致。

24. 本表第21项“按简易征收办法计算的应纳税额”栏数据，填写纳税人本期按简易征收办法计算并应缴纳的增值税额，但不包括按简易征收办法计算的纳税检查应补缴税额。“一般货物及劳务”的“本月数”栏数据与“即征即退货物及劳务”的“本月数”栏数据之和，应等于《附表一》第12栏的“小计”中的“应纳税额”数。“本年累计”栏数据，应为年度内各月数之和。

25. 本表第22项“按简易征收办法计算的纳税检查应补缴税额”栏数据，填写纳税人本期因税务、财政、审计部门检查并按简易征收办法计算的纳税检查应补缴税额。“一般货物及劳务”的“本月数”栏数据与“即征即退货物及劳务”的“本月数”栏数据之和，应等于《附表一》第13栏的“小计”中的“应纳税额”数。“本年累计”栏数据，应为年度内各月数之和。

26. 本表第23项“应纳税额减征额”栏数据，填写纳税人本期按照税法规定减征的增值税应纳税额。“本年累计”栏数据，应为年度内各月数之和。

27. 本表第24项“应纳税额合计”栏数据，填写纳税人本期应缴增值税的合计数。“本年累计”栏数据，应为年度内各月数之和。

28. 本表第25项“期初未缴税额（多缴为负数）”栏数据，为纳税人前一申报期的“期末未缴税额（多缴为负数）”。

29. 本表第26项“实收出口开具专用缴款书退税额”栏数据，填写纳税人本期实际收到税务机关退回的，因开具《出口货物税收专用缴款书》而多缴的增值税款。该数据应根据“应交税费——未交增值税”明细科目贷方本期发生额中“收到税务机关退回的多缴增值税款”数据填列。“本年累计”栏数据，为年度内各月数之和。

30. 本表第27项“本期已缴税额”栏数据，是指纳税人本期实际缴纳的增值税额，但不包括本期入库的查补税款。“本年累计”栏数据，为年度内各月数之和。

31. 本表第28项“①分次预缴税额”栏数据，填写纳税人本期分次预缴的增值税额。

32. 本表第29项“②出口开具专用缴款书预缴税额”栏数据，填写纳税人本期销售出口货物而开具专用缴款书向主管税务机关预缴的增值税额。

33. 本表第30项“③本期缴纳上期应纳税额”栏数据，填写纳税人本期上缴上期应缴未缴的增值税款，包括缴纳上期按简易征收办法计提的应缴未缴的增值税额。“本年累计”栏数据，为年度内各月数之和。

34. 本表第31项“④本期缴纳欠缴税额”栏数据，填写纳税人本期实际缴纳的增值税欠税额，但不包括缴纳入库的查补增值税额。“本年累计”栏数据，为年度内各月数之和。

35. 本表第32项“期末未交税额（多缴为负数）”栏数据，为纳税人本期期末应缴未缴的增值税额，但不包括纳税检查应缴未缴的税额。“本年累计”栏与“本月数”栏数据相同。

36. 本表第33项“其中：欠缴税额（≥0）”栏数据，为纳税人按照税法规定已形成欠税的数额。

37. 本表第34项“本期应补（退）税额”栏数据，为纳税人本期应纳税额中应补缴或应退回的数额。

38. 本表第35项“即征即退实际退税额”栏数据，填写纳税人本期因符合增值税即征即退优惠政策规定，而实际收到的税务机关返还的增值税额。“本年累计”栏数据，为年度内各月数之和。

39. 本表第36项“期初未缴查补税额”栏数据，为纳税人前一申报期的“期末未缴查补税额”。该数据与本表第25项“期初未缴税额（多缴为负数）”栏数据之和，应与“应交税费——未交增值税”明细科目期初余额一致。“本年累计”栏数据应填写纳税人上年度末的“期末未缴查补税额”数。

40. 本表第37项“本期入库查补税额”栏数据，填写纳税人本期因税务、财政、审计部门检查而实际入库的增值税款，包括：（1）按适用税率计算并实际缴纳的查补增值税款；（2）按简易征收办法计算并实际缴纳的查补增值税款。“本年累计”栏数据，为年度内各月数之和。

41. 本表第38项“期末未缴查补税额”栏数据，为纳税人纳税检查本期期末应缴未缴的增值税额。该数据与本表第32项“期末未缴税额（多缴为负数）”栏数据之和，应与“应交税费——未交增值税”明细科目期初余额一致。“本年累计”栏与“本月数”栏数据相同。

业务操作三　网上发票认证

增值税是工商企业普遍缴纳的税收，增值税办税业务是税收课程学习的重点。增值税进项税额的网上认证是增值税纳税申报的日常基础工作。办税业务人员必须掌握这项工作。现以某省国家税务局网上发票认证系统的操作过程为例说明增值税发票网上认证的一般流程。

1. 发票认证程序。发票认证主要过程包括：上传文件认证、认证结果下载、认证结果通知书下载、认证结果查询。具体使用流程：

（1）用户使用“网上认证”上传其待认证文件，确认上传成功。

（2）用户使用“认证查询”可以查询其认证结果。

（3）用户查询到已经有认证结果，可以使用“认证下载”下载认证结果和认证结果通知书。

发票认证主界面如图 13－1 所示。通常情况下，进入主管税务机关网站，通过身份验证后，点击相应链接即可进入这一操作界面。再点击“网上认证”等链接即可办理相应业务。

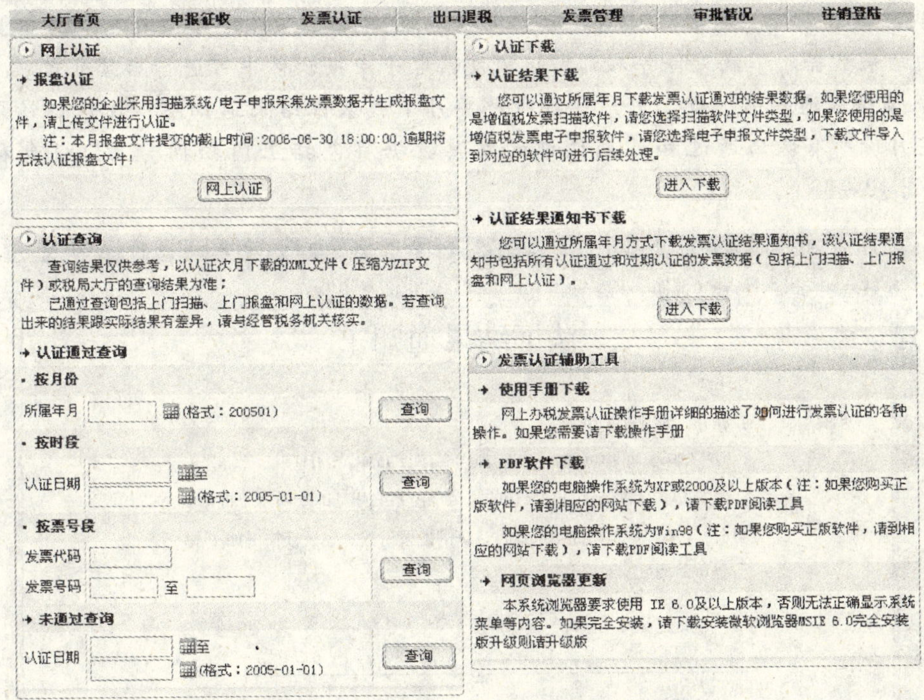

图 13－1　增值税专用发票网上认证主界面

2. 网上认证。用户使用发票扫描软件和电子申报系统生成待认证文件后（后缀为 dat 文件格式），即可上传文件进行网上认证。该认证过程为非实时处理，上传后不能立刻见到结果，需要用户查询查看其认证结果。发票扫描输入界面如图 13－2 所示。手工输入界面内容基本相同。

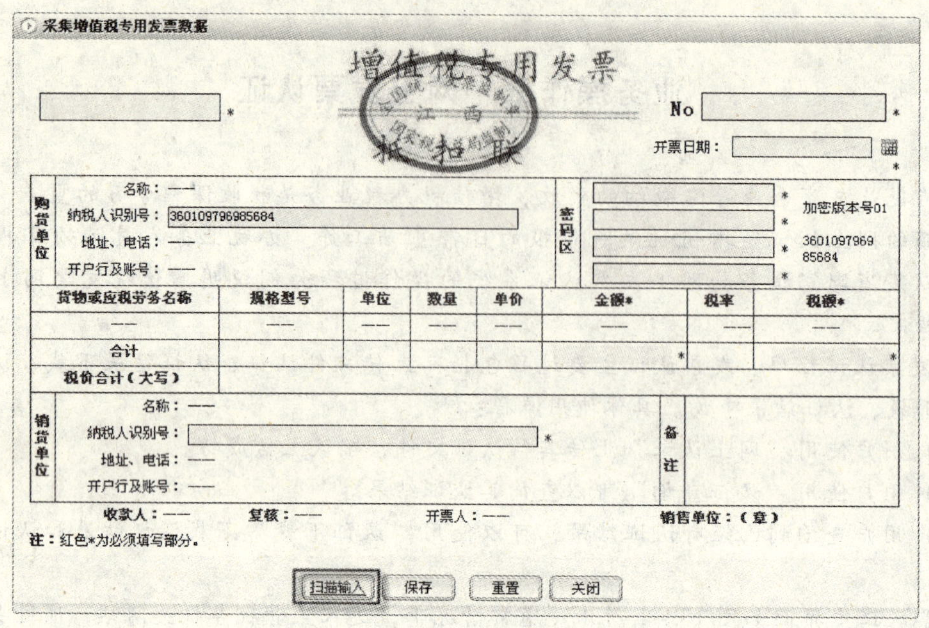

图 13－2　发票扫描输入界面

3. 认证结果下载。发票输入完成后，经税务机关认证，用户可按所属年月下载发票认证通过的结果数据。下载文件导入到增值税发票电子申报软件中可进行后续处理。

4. 认证结果通知书下载。用户可按所属年月下载认证结果通知书，该认证结果通知书包括指定月份所有认证通过和过期认证的发票数据（包括上门扫描、上门报盘和网上认证），见图 13－3。

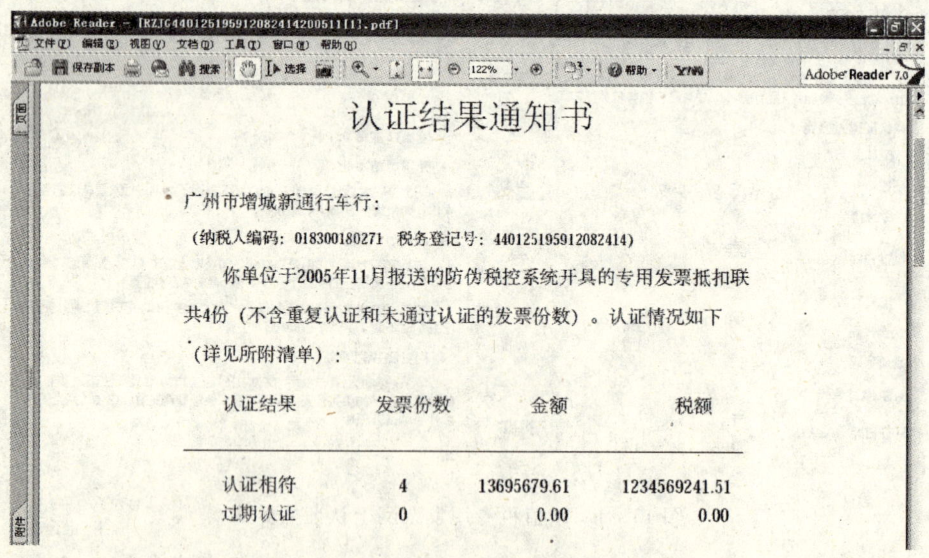

认证结果通知书

广州市增城新通行车行：

（纳税人编码：018300180271　税务登记号：440125195912082414）

你单位于2005年11月报送的防伪税控系统开具的专用发票抵扣联共4份（不含重复认证和未通过认证的发票份数）。认证情况如下（详见所附清单）：

认证结果	发票份数	金额	税额
认证相符	4	13695679.61	1234569241.51
过期认证	0	0.00	0.00

图 13－3　认证结果通知书界面

5. 查询认证通过的数据。系统提供按月、按时段、按发票号段查询认证通过的数据（包括上门扫描、上门报盘和网上认证）。在输入框中输入查询条件，再按查询按钮，则出现如图 13 –4 所示页面。

增值税专用发票认证通过清单

企业名称：广州五十铃客车有限公司-测试　　纳税人识别号：440682190342502

发票份数合计：99　　金额合计：10671608.32　　税额合计：1814173.44

序号	发票代码	发票号码	开票日期	销货方税号	金额	税额	认证时间	认证结果	认证方式
1	4400022140	00076392	2002-12-25	440181716354701	73585.18	12509.49	2003-04-01	认证相符	自动扫描
2	4400022140	00076393	2002-12-25	440181716354701	38968.29	6624.61	2003-04-01	认证相符	自动扫描
3	4400022140	00076395	2002-12-25	440181716354701	38968.29	6624.61	2003-04-01	认证相符	自动扫描
4	4400022140	00076394	2002-12-25	440181716354701	38968.29	6624.61	2003-04-01	认证相符	自动扫描
5	4400022140	00076396	2002-12-25	440181716354701	65316.41	11103.79	2003-04-01	认证相符	自动扫描
6	4400022140	00076399	2002-12-28	440181716354701	125716.49	21371.80	2003-04-01	认证相符	自动扫描
7	4400022140	00076400	2002-12-28	440181716354701	125716.49	21371.80	2003-04-01	认证相符	自动扫描
8	4400022140	00849831	2003-01-09	440181716354701	110693.25	18817.85	2003-04-01	认证相符	自动扫描
9	4400022140	00849832	2003-01-09	440181716354701	57986.88	9857.77	2003-04-01	认证相符	自动扫描
10	4400012140	02053250	2002-08-14	440682893773114	18176.07	3089.93	2003-04-01	认证相符	自动扫描
11	4400012140	05746826	2002-08-16	440782X18336426	15156.41	2576.59	2003-04-01	认证相符	自动扫描
12	4400012140	03958503	2002-09-07	445381729232527	13055.56	2219.45	2003-04-01	认证相符	自动扫描

图 13 –4　认证通过数据的页面

6. 查询认证未通过数据。查询发票认证未通过的发票信息，包括上门报盘和上门扫描认证不通过的发票信息。按“未通过查询”下面的查询按钮，则出现如图 13 –5 所示页面。

增值税专用发票认证未通过清单

企业名称：广东省南海土产进出口有限公司　　纳税人识别号：440682190342502

发票份数合计：1　　金额合计：73585.18　　税额合计：12509.49

序号	发票代码	发票号码	开票日期	销货方税号	金额	税额	认证时间	认证结果	认证方式
1	4400022140	00076392		440181716354701	73585.18	12509.49	2003-04-01	认证不符	自动扫描

保存　关闭

图 13 –5　认证未通过数据的页面

只有通过认证的发票才可以在纳税申报表中作为进项税额抵扣，认证未通过的发票应及时查明原因，采取相应措施。

业务操作四　网上纳税申报

网上申报纳税是目前普遍采用的纳税申报方式，其基本流程是通过互联网登录主管国家税务局网站，点击“办税大厅”进入办税服务页面，输入“税务登记号”和“密码”，点击“登录”进入网上办税系统，点击“纳税申报”链接进入申报系统，见“增值税申报表”后，点击“进入申报”按钮登录进增值税一般纳税人网上申报子系统。按照先附表后主表的顺序逐项填写。对应的报表填写完后，点击“正式申报”按钮完成申报。申报完成后到主管国家税务局申报服务厅递交书面纳税申报资料，办理IC卡报税和税款划缴。由于目前各地采用的系统不同，在操作上有一定的区别，本书以福建省的操作方法为例说明增值税一般纳税人网上申报的基本步骤。需要说明的是：网上申报只是技术手段的变化，并不影响应纳税额计算的内容及相关政策。

1. 软硬件准备。电脑系统要求Windows 2000及以上，IE浏览器版本为6.0，安装有JAVA虚拟机；对硬件没有特殊要求，必须连接互联网；开通前需要上网注册并打印申请表到所属税务局开通网上办税业务；记住密码并严格按权限保密。

2. 登陆网上办税大厅。打开浏览器，登陆福建省国家税务局网站，点击“办税大厅”进入办税服务大厅。在“办税服务大厅”页面输入“税务登记号”和“密码”，见图13－6，点击“登录”，进入纳税人所在地网上办税系统。

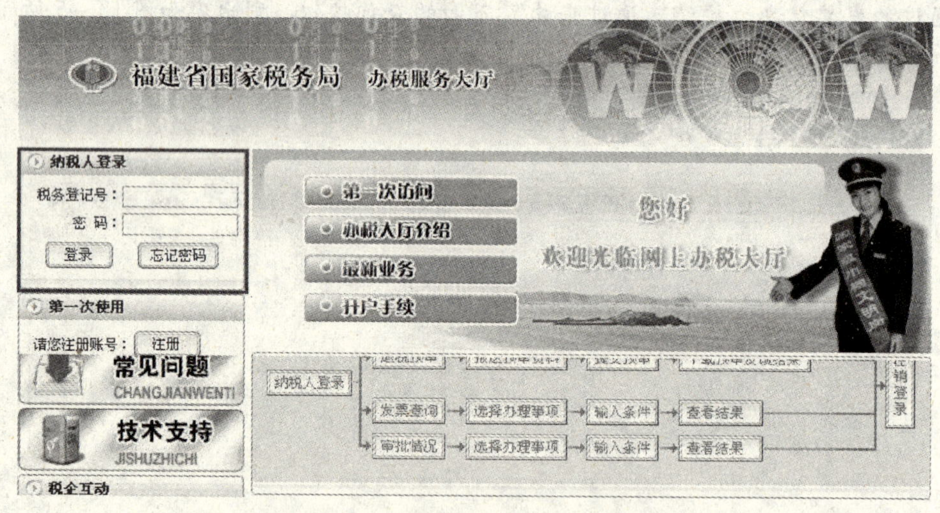

图13－6　网上办税服务大厅页面

点击“申报征收”或“纳税申报”链接进入税种选择界面，见图13－7。

3. 进入申报系统。选择对应的申报表类型“增值税申报表（一般纳税人）”后，点击“进入申报”按钮登录进入增值税一般纳税人网上申报子系统，见图13－8。

4. 填写申报表。系统首先带出的是企业的基本信息，通过菜单选择可以填写增值税申报表及相关附表，见图13－9。

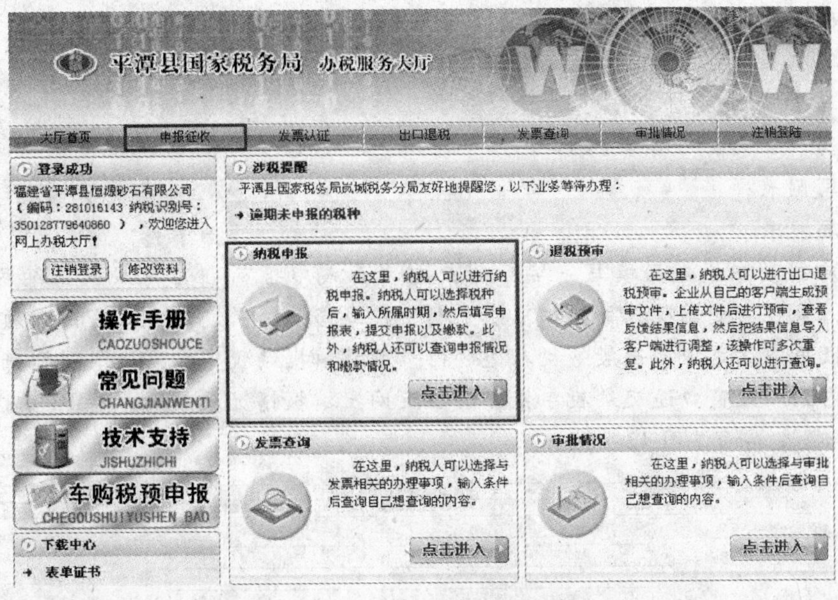

图 13－7 业务种类选择界面

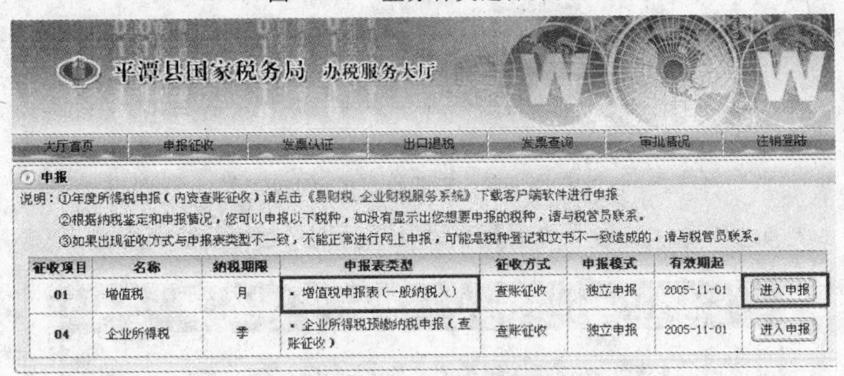

图 13－8 纳税申报子系统选择界面

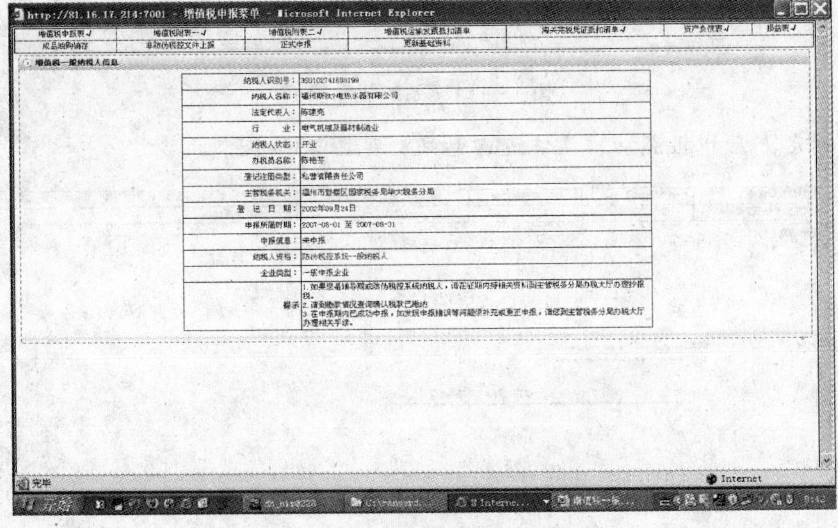

图 13－9 纳税申报表填写界面

申报表的填写顺序为：

（1）填写损益表；

（2）填写资产负债表；

（3）填写（上传）小票数据；

（4）填写附表；

（5）填写主表。

5. 提交申报。申报数据填写完毕后，点击"正式申报"即可完成网上纳税申报事项。申报成功后，未经主管国税机关授权不能重新申报或修改。若发现申报有误，须前往主管国家税务局申报服务厅办理。一般纳税人通过门户网站填报纳税申报表及附列资料成功后，仍须在申报期内到申报窗口递交纳税申报资料以及网上填报情况反馈单，持IC卡进行抄报税。"正式申报"提交界面见图13－10。

增值税申报表	增值税附表一	增值税附表二	增值税运输发票抵扣清单	海关完税凭证抵扣清单	废旧物资发票抵扣清单
废旧物资发票开具清单	资产负债表	损益表	成品油购销存	非防伪税控文件上报	正式申报

增值税一般纳税人信息

纳税人识别号：	350182768563935
纳税人名称：	长乐京通燃料贸易有限公司
法定代表人：	刘伯禄
行　　业：	批发业
纳税人状态：	开业
办税员名称：	郑东枝
登记注册类型：	私营有限责任公司
主管税务机关：	长乐市国家税务局吴航税务分局
登 记 日 期：	2006年02月07日
申报信息：	未申报

图13－10　正式申报提交页面

点击"正式申报"后系统提示是否确认要正式申报，见图13－11。

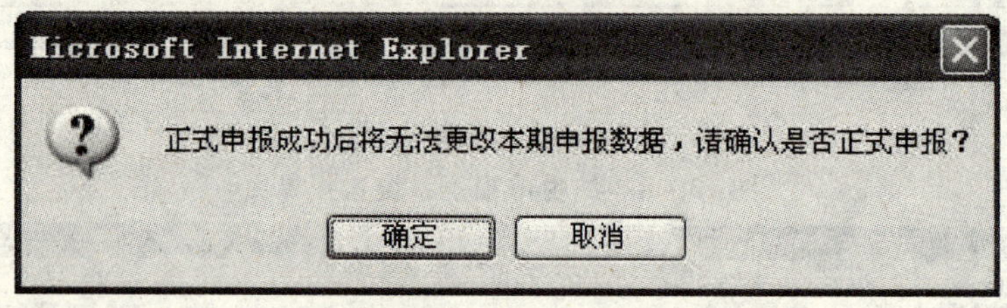

图13－11　系统提示页面

点击"确定"后申报成功，系统返回结果，见图13－12。

增值税申报表√	增值税附表一√	增值税附表二√	增值税运输发票抵扣清单	海关完税凭证抵扣清单	废旧物资发票抵扣清单
废旧物资发票开具清单	资产负债表√	损益表√	成品油购销存	申报成功√	

返回结果

返回结果

处理结果：数据处理成功

消　　息：表间校验关系通过，申报成功，本次应缴税额：0元！

图13－12　申报成功返回结果页面

6. 查询和打印。填写税款所属的起止日期，点击查询即可查看到缴款记录、未缴纳税款情况、申报记录等，还可以打印纳税申报表、网上缴税，零申报则查不到缴款记录。查询和打印界面如图 13－13 所示。

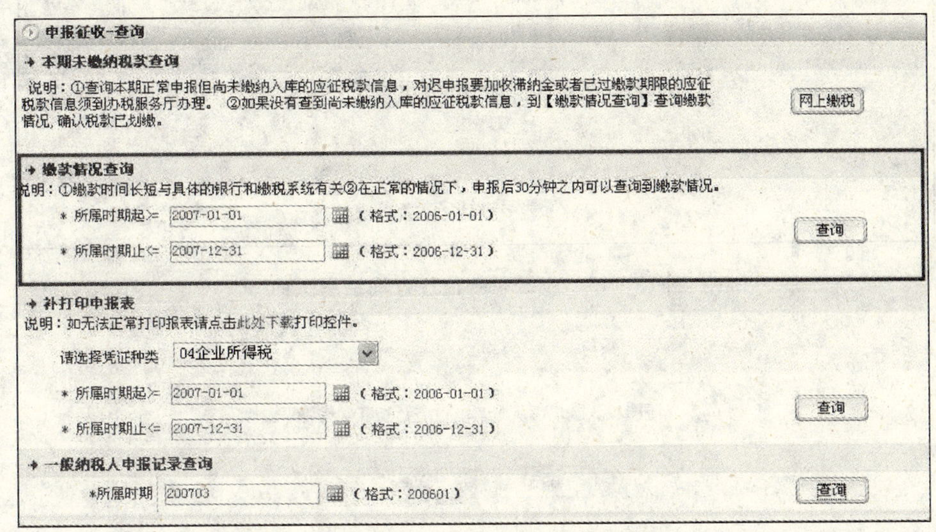

图 13－13 查询和打印界面

缴款信息查询结果如图 13－14 所示。

缴款信息查询（▲纳税人：35010575935420X）

税票号码	开票额	税务处理结果	税务处理日期	银行处理日期	税种税目
350007000006400229	272.71	扣款成功，上解销号成功	2007-04-26	2007-04-26	企业所得税--批发和零售业
350007000006393002	10.50	扣款成功，上解销号成功	2007-04-25	2007-04-25	税务行政性收费收入--专用发票收费
350007000006338056	7.00	扣款成功，上解销号成功	2007-04-19	2007-04-19	税务行政性收费收入--普通发票收费
350007000006279109	608.27	扣款成功，上解销号成功	2007-04-12	2007-04-12	企业所得税--批发和零售业
350007000006223745	17.50	扣款成功，上解销号成功	2007-04-10	2007-04-10	税务行政性收费收入--专用发票收费
350007000005981971	27.50	扣款成功，上解销号成功	2007-03-29	2007-03-29	税务行政性收费收入--专用发票收费
350007000005158019	17.50	税票已被作废	2007-02-27	2007-02-27	税务行政性收费收入--专用发票收费

图 13－14 缴款信息查询结果页面

业务操作五 网上缴纳税款

纳税申报成功后，必须在规定的期限内缴纳税款，随着网上支付手段的普及，网上缴税系统不断得到更广泛的应用。

1. 网上缴税。按照如前所述的方法进入办税服务页面，从“申报征收”的首页进入缴税功能页面，或者在申报完成后直接点击进入。“网上缴税”页面中显示企业应缴税款信息列表，在“待处理税款”一列可以查看到某个税种的应缴税数额明细，如图 13－15 所示。

点击“清缴税款”按钮，系统弹出提示，如图 13－16 所示。

点击“确定”按钮，系统将自动从纳税人的银行进行扣款。如果系统提示扣款成功，

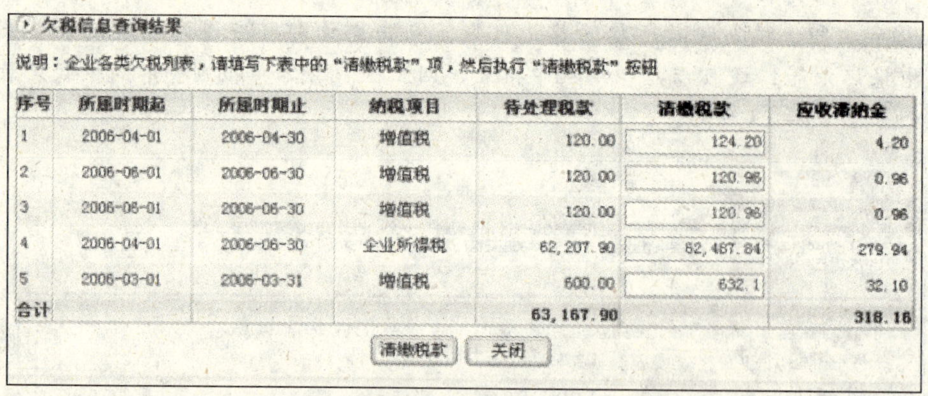

欠税信息查询结果

说明：企业各类欠税列表，请填写下表中的“清缴税款”项，然后执行“清缴税款”按钮

序号	所属时期起	所属时期止	纳税项目	待处理税款	清缴税款	应收滞纳金
1	2006-04-01	2006-04-30	增值税	120.00	124.20	4.20
2	2006-06-01	2006-06-30	增值税	120.00	120.96	0.96
3	2006-06-01	2006-06-30	增值税	120.00	120.96	0.96
4	2006-04-01	2006-06-30	企业所得税	62,207.90	62,487.84	279.94
5	2006-03-01	2006-03-31	增值税	600.00	632.1	32.10
合计				63,167.90		318.16

清缴税款　关闭

图 13－15　应缴税款信息查询结果页面

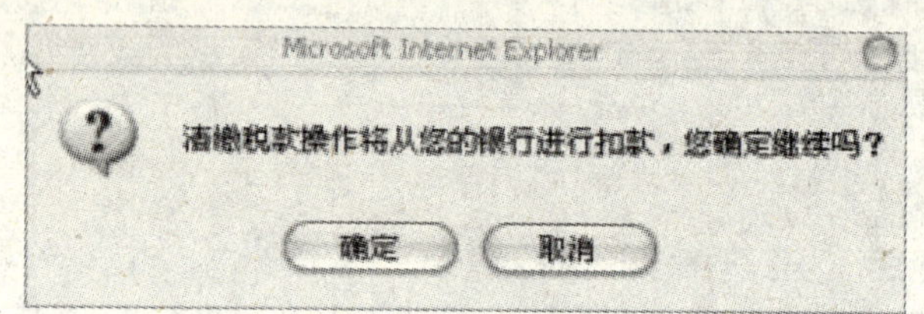

图 13－16　清缴税款确认对话框

表示本次已全额扣税，用户即完成了本次网上缴税的全部操作。实际扣税金额在系统提示中可以看到，如图 13－17 所示。

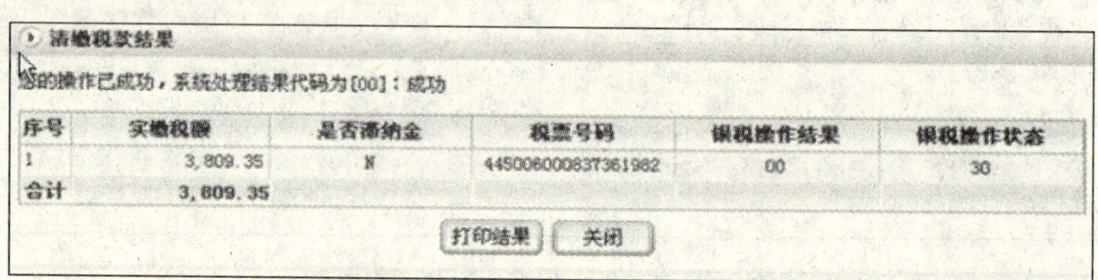

清缴税款结果

您的操作已成功，系统处理结果代码为[00]：成功

序号	实缴税额	是否滞纳金	税票号码	银税操作结果	银税操作状态
1	3,809.35	N	44500600083736l982	00	30
合计	3,809.35				

打印结果　关闭

图 13－17　操作成功提示页面

2. 打印税款缴纳凭证。随着税务部门和银行间的“税银联网”系统和网上电子申报的不断应用和发展，纳税人对税票网上打印的要求日趋迫切，这一问题的解决程度直接影响网上电子申报的应用面和“税银联网”应用效率。《国家税务总局关于电子缴税完税凭证有关问题的通知》（国税发［2002］155 号）也对这一问题作了明确规定。

电子报税付款通知下载打印的基本流程是：纳税人申报成功后，税务机关发划款报文至商业银行；商业银行按照付款指令进行转账划款；划款成功后，商业银行将扣款成功数据通过纳税人公钥加密、商业银行私钥签名后，生成付款通知数据包传至税务局网站；纳税人登录税务局网站，下载付款通知数据包后，查看、下载商业银行提供的《电子报税付款通知》，如图 13－18 所示。

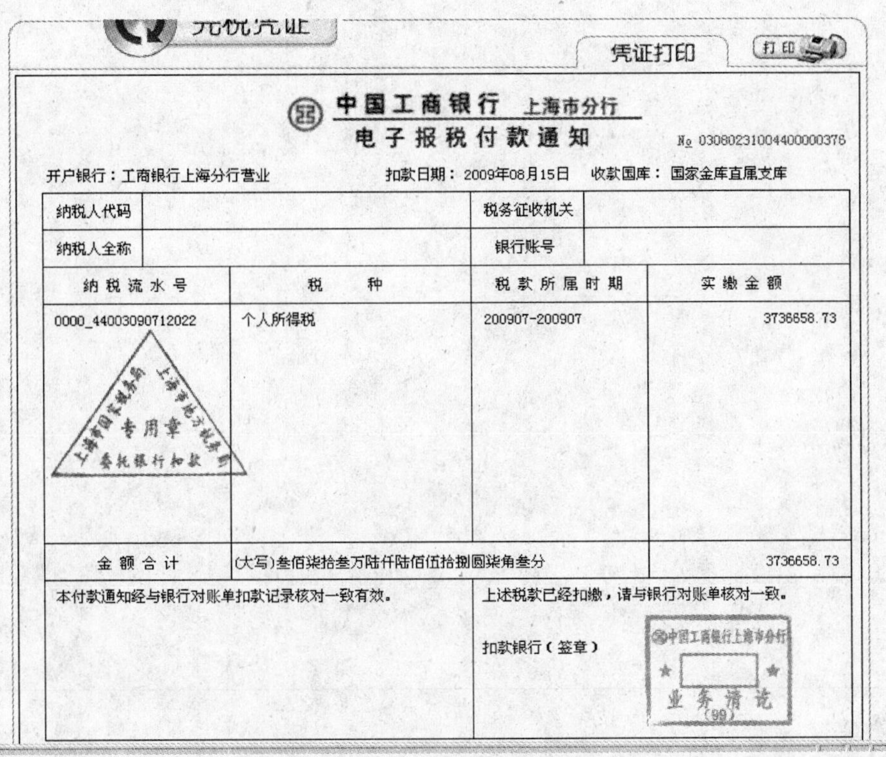

凭证打印　打印

中国工商银行 上海市分行

电子报税付款通知

№ 03080231004400000376

开户银行：工商银行上海分行营业　　扣款日期：2009年08月15日　收款国库：国家金库直属支库

纳税人代码		税务征收机关	
纳税人全称		银行账号	
纳税流水号	税种	税款所属时期	实缴金额
0000_44003090712022	个人所得税	200907-200907	3736658.73
金额合计	(大写)叁佰柒拾叁万陆仟陆佰伍拾捌圆柒角叁分		3736658.73
本付款通知经与银行对账单扣款记录核对一致有效。		上述税款已经扣缴，请与银行对账单核对一致。 扣款银行（签章）	

图 13－18　电子报税付款通知